大学入試

柳生好之の現代文のストラクチャー

記述式問題徹底分析

スタディサプリ講師
柳生好之

KADOKAWA

はじめに

数ある現代文の参考書の中から本書を手に取ってくださった皆さん、ありがとうございます。僕は日本最大級のオンライン学習サービス「スタディサプリ」で現代文講師をしている柳生好之（やぎゅうよしゆき）といいます。スタディサプリでは東大現代文や京大現代文など、難関大学の記述式問題を解説しています。

記述式現代文は受験生を最も悩ませてきた問題の一つです。「記述模試ではいい点数が取れない」「解答が各社で異なっている」「大学が解答を公表しない」など、記述式現代文を取り巻く状況はとても過酷です。そのような状況を前にして、多くの難関大受験生は「現代文なんてコスパ悪い科目はステ科目だ」と他の科目の勉強に集中してしまいます。

ところが、難関大の入試問題ではどの科目もなかなか点数が上がりません。結局、すべての科目で合格最低ラインを超えるのが合格の近道だとわかった頃に、「現代文、どうしよう」と慌てることになってしまいます。

本書は、**難関大受験生に最も効率的な記述式現代文の攻略法**を伝えるために作られました。

僕自身、記述式の現代文にはとても苦労しました。いざ生徒に教えようと思っても、肝心の解答が信用できません。目の前の問題だけを考えていても埒が明かないと思い、記述式だけでなく解答が公表されている旧センター試験の問題も含めて何十年分もの過去問を研究してきました。

すると、**入試現代文にはさまざまな問題に共通する「構造」がある**ということがわかってきました。例えば、東大の入試問題には、「差異」や「類似」など毎年のように設問のポイントとなる「構造」があります。このような「構造」を捉えることが現代文の本質なのだと気がつきました。

さまざまな入試問題に共通する「構造」を理論的に裏付けるために、「文法」「レトリック（説得術）」「論理学」といった理論を学び直し、「構造」を体系化しました。これを本書では「現代文のストラクチャー」と呼びます。**さまざまな「エレメント（要素）」から構成される「ストラクチャー（構造）」こそが現代文の本質**です。

昨日見た問題が解けるだけでなく、まだ見ぬ明日の問題も解けるようになる

文章の構造が見抜けるようになれば、どの問題も同じように読み、同じように解くことができるようになります。

今、皆さんの頭脳に革命を起こします。

目次

●本文デザイン…ワーク・ワンダース
●校　正……あかえんぴつ
●DTP……太洋社
●編集協力……相澤尋

本書の特長と使い方

本書は、現代文の記述式問題の解き方を身につけられる参考書です。よく問われる形式ごとに7つの講義を収録しました。各講義で身についた力を試す実践演習を掲載しているので、セットで取り組むようにしてください。

［凡例］

●**本文への書き込みは、以下のように記号を振り、適宜横に但し書きを入れています。**

〈　〉＝主　部　／＝接続部

［　］＝修飾部　（　）＝レトリック

（角丸囲み）＝接続表現。（多くは文頭の接続詞。論理の展開を追う。）

（二重囲み）＝フレームワークのキーワード。問題提起や譲歩、逆説など、筆者の主張を読み取るうえで重要な表現。

⇩＝まとめ。主張が端的にまとめられる。

□＝指示語。

講義

❶ 考え方を知る。

記述思考エレメント
「問い」の本質をとらえれば、選択式も記述式も同じように解くことができる。

❷ 解き方を知る。

傍線部内容説明問題の解法ストラクチャー

STEP① 傍線部を含む一文の構造を分析する
ポイントとなる言葉（指示語、比喩表現、個人言語）をとらえる

STEP② 解答の根拠を探す

STEP③ ポイントをまとめる

STEP④ 記述解答を書く

❸ 実戦問題に取り組む。

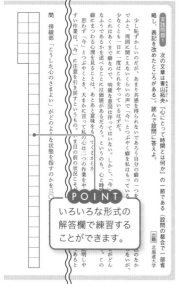

実践問題1　次の文章は青山拓央「心にとって時間とは何か」の一節である（設問の都合で一部省略し、表記を改めたところがある）。読んで設問に答えよ。　出題 北海道大学

少し恥ずかしいのだが、あまり共感を得られないであろう自分の癖の一つを…のなかでふと、周囲に聞こえないくらいの声で「今」とつぶやく癖を私はもっている…ないが、少なくとも一日に一度はこれをやっているはずだ。

これはあくまで癖なので、明確な意図は伴ってはいない。しかし、「今」…がどんなふうであるかを述べることには価値があるだろう。というのも、心と時間…、この癖にまつわる心理を見ることは、あとあと意味をも…てくるからだ。

思わず「今」とつぶやくとき、大まかに言って私の心は二つの作業をや…説明しやすい作業は、「今」に注意を引き戻すというもの。…目の前の状況こそ…であると

問　傍線部「こうした心のさまよい」がどのような状態を指すのかを三〇…

POINT
いろいろな形式の解答欄で練習することができます。

読解ストラクチャー

❶ 読むべきポイントを振り返る。

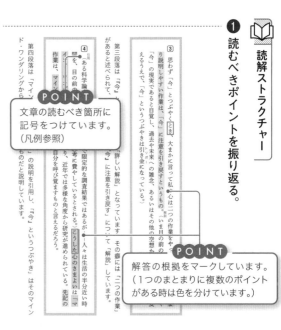

③ 思わず「今」とつぶやくとき、大まかに言って私の心は二つの作業をや…り説明しやすい作業は、「今」に注意を引き戻すというもの。（いま目の前の「今」の現実であると自覚し、過去や未来への雑念、あるいはその他の空想か…えるうえで、「今」というつぶやきは引き金（トリガー）になっている。）

第三段落は『今』…があると述べられて、…「詳しい解説」となっています その癖には「二つの作業」…『今』に注意を引き戻す」について「解説」しています。

④ 引用 （ある科学論…間を、目の前の…イ…作業は、マイン…で限定的な調査結果ではあるが、人々は生活の半分近い時…考に費やしているとされる。）こうした心のさまよいは「マ…り、近年では多様な角度から研究が進められている。先記の…自分を呼び覚ますものと言えるだろう。

第四段落は「マイン…ド・ワンダリングから…」の説明を引用し、『今』というつぶやき」はそのマイン…ものだと説明しています。

POINT
文章の読むべき箇所に記号をつけています。（凡例参照）

POINT
解答の根拠をマークしています。（1つのまとまりに複数のポイントがある時は色を分けています。）

❷ 全体像を把握する。

全体像

私には「今」とつぶやく癖がある
＝ 同値関係
その癖は「今」に注意を引き戻すという作業である
⇔ 対立関係
「マインド・ワンダリング」
人々は生活の半分近い時間を、目の前の現実と関わりのない思考に費やしている
↓
「今」に注意を引き戻すという作業は、マインド・ワンダリングから自分を呼び覚ますものだ

解法ストラクチャー

❶ 解き方に沿って確認する。

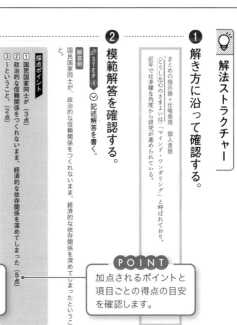

まとめの指示語＋比喩表現　個人言語
こうした心のさまよいは「マインド・ワンダリング」と呼ばれており、近年では多様な角度から研究が進められている。

❷ 模範解答を確認する。

STEP④ 記述解答を書く。

解答例
国民国家同士が、政治的な信頼関係をつくれないまま、経済的な依存関係を深めてしまったということ。

採点ポイント
1 国民国家同士が（3点）
2 政治的な信頼関係をつくれないまま、経済的な依存関係を深めてしまった（5点）
3 〜ということ。（2点）

POINT
加点されるポイントと項目ごとの得点の目安を確認します。

❸ 減点されるポイントを知る。

採点例
「施しに対して反感を持つのは自分の嫉妬だと考え、珊瑚が自分のほうがお…から。」（4点）

この答案は一見「そういうふうに意識できれば」の説明ができているので良さそうですが、「マイナスの意識」を「プラスの意識」に転換できていないので、「しめたもの」につながりません。

POINT
減点ポイントに傍線を引いてあります。

解答用紙のダウンロードについて

本書で扱った問題の解答用紙を、以下からダウンロードして使用することができます。マス目付きや罫線のみなど、さまざまなタイプの解答用紙があるので、本番を意識した練習にご活用ください。

URL https://www.kadokawa.co.jp/product/322209001670/

ユーザー名 kijutsu-kaitou　パスワード structure1117

上記のURLへアクセスいただくと、データを無料ダウンロードできます。

「ダウンロードはこちら」という一文をクリックして、ユーザー名とパスワードをご入力のうえダウンロードし、ご利用ください。

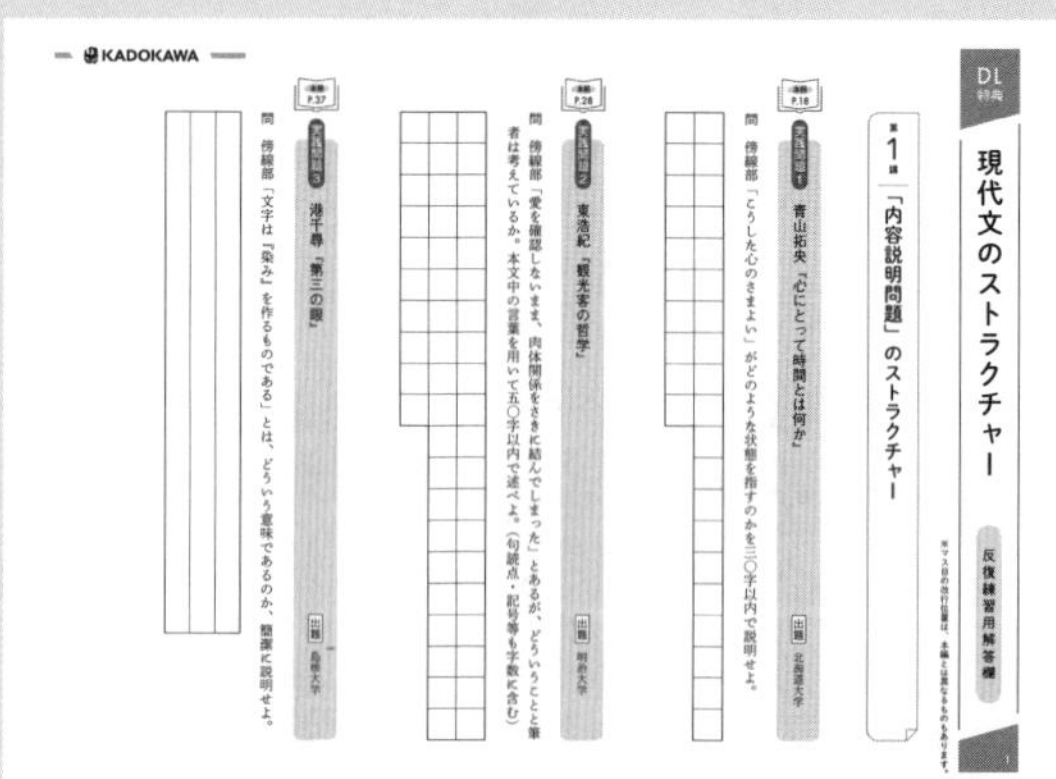

【注意事項】

- ダウンロードはパソコンから行ってください。
- ダウンロードページへのアクセスがうまくいかない場合は、お使いのブラウザが最新であるかどうかご確認ください。また、ダウンロードする前に、パソコンに十分な空き容量があることをご確認ください。
- フォルダは圧縮されていますので、解凍したうえでご利用ください。
- 本ダウンロードデータを私的使用範囲外で複製、または第三者に譲渡・販売・再配布する行為は固く禁止されております。
- なお、本サービスは予告なく終了する場合がございます。あらかじめご了承ください。

第1講

「内容説明問題」のストラクチャー

第1講 「内容説明問題」のストラクチャー

講義

それでは記述式現代文の解き方について解説していきましょう。

1 「問い」の本質を捉えれば、選択式も記述式も同じように解くことができる

ところで、そもそも「記述式問題」という捉え方は、現代文の問題を考えるにあたり本質的だと言えるでしょうか？

実は「記述式問題」というのは形式のことであって、「問い」の本質ではありません。現代文の問題において「問い」とは、「どういうことか」や「なぜか」などの部分なのです。ですから、**「どういうことか」や「なぜか」という「問い」の本質を直視する**ことから始めましょう。すると、選択式も記述式も本質は同じだと気がつくはずです。ここが一番重要なポイントなので、ぜひ肝に銘じてください。

今回は傍線部内容説明問題、「どういうことか」の問題について学んでいきましょう。

記述思考エレメント

「問い」の本質を捉えれば、選択式も記述式も同じように解くことができる。

2 「記述解答」は、問われている表現よりも分かりやすくなければいけない

傍線部内容説明問題は、一体何を問うているのでしょうか。よく「言い換え問題」のように言われていますが、単に「言い換え」てさえいればそれで良いのでしょうか。

例えば、「現代文の記述式問題は、解答の根拠を本文中に探し求めて、根拠をもとにして解答する問題である」という表現を「現代文の記述式問題は、宝探しゲームのような問題である」と言い換えたとします。この「言い換え」は解答としてふさわしい表現でしょうか。

結論から言えば、これは、「言い換え」ではあるけれども、「解答」としてふさわしい表現ではありません。なぜなら、元の表現のほうが何をしたら良いのか「分かりやすい」からです。つまり、**「言い換え」だとしても、「分かりにくい言い換え」は解答にはならない**のです。あくまで解答は「分かりやすい表現」でなければいけません。

まとめると、**傍線部内容説明問題では「分かりにくい表現」を「分かりやすい表現」に書き換える必要がある**のです。

記述思考エレメント

「記述解答」は、問われている本文の表現よりも分かりやすくなければいけない。

3 傍線部内容説明問題の解法手順

それでは、具体的にはどのようにすれば良いのかを説明します。傍線部内容説明問題を解くときは、必ず次の手順を守って解答するようにしてください。

傍線部内容説明問題の解法ストラクチャー

- STEP① 傍線部を含む一文の構造を分析する。
- ポイントとなる言葉（指示語、比喩表現、個人言語）を捉える。
- STEP② 解答の根拠を捉える。
- STEP③ 解答のポイントをまとめる。
- STEP④ 記述解答を書く。

STEP① 傍線部を含む一文の構造を分析する。

まず、傍線部のある一文の構造を分析します。「主語は何か」「述語は何か」など、**文の成分に応じて構造を調べます。**その際には次のような分析記号を使うと良いでしょう。傍線部を説明するのですから、まずは傍線部のある一文がどのような構造になっているのかについて、徹底的に分析しましょう。周りを見るのはその後です。

〈とんがりカッコ〉	主部
［四角カッコ］	修飾部
／スラッシュ	接続部

記述思考エレメント

まずは傍線部を含む一文の構造を分析することからはじめる。

ポイントとなる言葉（指示語、比喩表現、個人言語）を捉える。

次に、「ポイントとなる言葉」ですが、ここが「どういうことか」問題の本質です。**傍線部内容説明問題は「文脈の中にあってはじめて分かる言葉（分かりにくい表現）」を「文脈から切り離されていても誰でも分かる言葉（分かりやすい表現）」に書き換える問題なのです。**単なる「言い換え」ではないということに注意してください。

「指示語」は指示内容から切り離されたら意味が分かりません。例えば、前置きなどもなく「この問題はこのような手順で解きましょう」とだけ言われても、どうしていいのか分かりません。**「比喩表現」**も何を何に喩(たと)えたのかを把握していないと意味が分かりません。例えば、「現代文の記述式問題は、宝探しゲームのような問題である」と言われても、何のことを言っているのか、どのように解けば良いのかなどはまったく分かりません。この辺りはすんなり理解できると思います。**「個人言語」というのは、辞書的な意味とは少し違う意味で筆者が独自に使っている言葉**のことです。例えば「文化」というように「カギカッコ」が付いている言葉が出てきた場合、辞書的な文化とは少し違う意味で使っているのです。

このように「どういうことか」の問題でポイントになる言葉は、文脈から切り離された瞬間に意味が分からなくなるような言葉なのです。それを**「本文を読んでいない人でも分かるように説明する」のが傍線部内容説明問題**だということです。

記述思考エレメント

傍線部内容説明問題では、本文を読んでいない人でも分かるような解答を書く。

STEP② 解答の根拠を捉える。

次に、傍線部の周りにある「解答の根拠」となる文を探しましょう。「指示語の指示内容」や、「比喩を説明している文」や「個人言語を定義している文」を周囲に求めるのです。必ず近くから遠くへ目を動かして探しましょう。いきなり遠くを見ると近くの根拠を見落としてしまうため気をつけましょう。

記述思考エレメント

傍線部自体を分析した後で、周りの「根拠」を探す。

また、解答の根拠を求めるときは次の４つの関係を意識すると良いでしょう。

- 同値関係
- 対立関係
- 因果関係
- 包摂関係

「**同値関係**」とは、イコールの関係のことです。例えば、「指示語」と「指示対象」はイコールの関係で結べます。一方、「**対立関係**」とは、反対の関係のことです。例えば、「主観」の説明をするときに反対の意味である「客観」の説明が周りにあれば、そこを参考にします。「客観」の説明の反対を書くと「主観」の説明になるのです。現代文では同じ内容を繰り返して説明したり、反対の内容と比べて説明したりすることが多いので、これらの関係がよく出てきます。

また、「**因果関係**」は原因と結果の関係のことで、前後の順当なつながりのことです。「順接」の接続表現に気をつけましょう。ただし、「どういうことか」の問題では問われることが少ないですが、傍線部を含む一文の中に「因果関係」があれば、同様の「因果関係」を説明しているところが解答の根拠となります。

最後の「**包摂関係**」は聞いたことがないという人もいるでしょう。「包摂関係」とは「具体と抽象の関係」のことです。抽象は「大きいグループ」であり、具体は「小さいグループ」です。例えば、「生き物」と「イヌ」という2つの言葉があるとき、「生き物（抽象）」という、より大きなグループが、その中に「イヌ（具体）」という、より小さいグループを包み込んでいるため「包摂関係」と呼びます。傍線部の内容説明を求められたときに、根拠が具体例しかない場合は特に注意してください。抽象的表現の説明として具体例を用いると誤りとなってしまいます。例えば、「生き物」の説明が求められているときに、「生き物とはイヌです」と解答してはいけません。「イヌ」以外の「生き物」もいるからです。

記述思考エレメント

傍線部の説明には、基本的に具体例そのものを用いてはいけない。

STEP③ 解答のポイントをまとめる。

本文で解答の根拠が見つかったら、そのポイントをまとめます。そのときに傍線部自体を確認してみましょう。**傍線部のポイントが過不足なく説明されているかをチェックして、ポイントを箇条書き**

にしてみます。このときにおよその字数の目安をつけると良いでしょう。1ポイントで何文字かは一概には言えませんが、40字～50字の記述問題は2ポイントくらい求められていることが多いです。

記述思考エレメント

40字～50字の記述問題は2ポイントぐらいを求めている場合が多い。

STEP④ 記述解答を書く。

ポイントがまとまったら、いよいよ記述解答を書きましょう。書くときには「主語―述語」という文の骨格を決めてから、そこに肉付けしていくと良いでしょう。また、部分点狙いで内容を詰め込みすぎると、全体で何を言っているのか分からない解答になってしまいます。**内容を詰め込むよりも、一文で伝えたい内容が正確に伝わることを重要視しましょう。**多少の要素を落としても解答の方向性が正しければ合格点は取れます。

記述思考エレメント

内容を詰め込みすぎるよりも、「主語―述語」などの文構造が正しいかどうかが重要。

実践問題1

次の文章は青山拓央『心にとって時間とは何か』の一節である（設問の都合で一部省略し、表記を改めたところがある）。読んで設問に答えよ。

出題 北海道大学

少し恥ずかしいのだが、あまり共感を得られないであろう自分の癖の一つを書いてみる。日常生活のなかでふと、周囲に聞こえないくらいの声で「今」とつぶやく癖を私はもっている。正確な頻度は分からないが、少なくとも一日に一度はこれをやっているはずだ。

これはあくまで癖なので、明確な意図は伴ってはいない。しかし、「今」とつぶやくとき、私の心がどんなふうであるかを述べることには価値があるだろう。というのも、心と時間との関係を考えるうえで、この癖にまつわる心理を見ることは、あとあと意味をもってくるからだ。

思わず「今」とつぶやくとき、大まかに言って私の心は二つの作業をやっている。第一の、より説明しやすい作業は、「今」に注意を引き戻すというもの。いま目の前の状況こそがまさしく「今」の現実であると自覚し、過去や未来への雑念、あるいはその他の空想から現実に心を向け変えるうえで、「今」というつぶやきは引き金になっている。

ある科学論文によれば——あくまで限定的な調査結果ではあるが——人々は生活の半分近い時間を、目の前の現実と関わりのない思考に費やしているとされる。こうした心のさまよいは「マインド・ワンダリング」と呼ばれており、近年では多様な角度から研究が進められている。先記の作業は、マインド・ワンダリングから自分を呼び覚ますものと言えるだろう。

問　傍線部「こうした心のさまよい」がどのような状態を指すのかを三〇字以内で説明せよ。

読解ストラクチャー

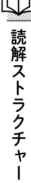

① 少し恥ずかしいのだが、あまり共感を得られないであろう自分の癖の一つを書いてみる。日常生活のなかでふと、周囲に聞こえないくらいの声で「今」とつぶやく癖を私はもっている。正確な頻度は分からないが、少なくとも一日に一度はこれをやっているはずだ。

第一段落は「あまり共感を得られないであろう自分の癖」について説明しています。その癖とは「日常生活のなかでふと、周囲に聞こえないくらいの声で『今』とつぶやく癖」のことです。この段落では「筆者の癖」について説明されるのかなと考えながら読んでいくと良いでしょう。

② これはあくまで癖なので、明確な意図は伴ってはいない。しかし、「今」とつぶやくとき、私の心がどんなふうであるかを述べることには価値があるだろう。（根拠：というのも、心と時間との関係を考えるうえで、この癖にまつわる心理を見ることは、あとあと意味をもってくるからだ。）

第二段落の「しかし」以降の『今』とつぶやくとき、私の心がどんなふうであるかを述べることには価値があるだろう」が「筆者の主張」です。その後に、「主張の根拠」が述べられます。

③ 思わず「今」とつぶやく**とき**、大まかに言って私の心は二つの作業をやっている。**第一の**、より説明しやすい作業は、「今」に注意を引き戻すというもの。解説（いま目の前の状況こそがまさしく「今」の現実であると自覚し、過去や未来への雑念、あるいはその他の空想から現実に心を向け変えるうえで、「今」というつぶやきは引き金（トリガー）になっている。）

第三段落は「『今』とつぶやく癖」の「詳しい解説」となっています。その癖には「二つの作業」があると述べられて、そのうちの1つ「『今』に注意を引き戻す」について「解説」しています。

④ 引用（ある科学論文によれば——あくまで限定的な調査結果ではあるが——人々は生活の半分近い時間を、目の前の現実と関わりのない思考に費やしているとされる。）**こうした**心のさまよいは「マインド・ワンダリング」と呼ばれており、近年では多様な角度から研究が進められている。先記の作業は、マインド・ワンダリングから自分を呼び覚ますものと言えるだろう。

第四段落は「マインド・ワンダリング」の説明を引用し、「『今』というつぶやき」はそのマインド・ワンダリングから自分を呼び覚ますものだと説明しています。

全体像

私には「今」とつぶやく癖がある

＝ **同値関係**

その癖は「今」に注意を引き戻すという作業である

⇔ **対立関係**

「マインド・ワンダリング」

人々は生活の半分近い時間を、目の前の現実と関わりのない思考に費やしている

←

「今」に注意を引き戻すという作業は、マインド・ワンダリングから自分を呼び覚ますものだ

読解思考エレメント

文章を読むときは、同値関係や対立関係を捉える。

解法ストラクチャー

STEP① ✓ 傍線部を含む一文を分析する。［文構造→ポイント］

A（まとめの指示語＋比喩表現）〈こうした心のさまよいは〉「マインド・ワンダリング」（個人言語）と呼ばれており、
近年では多様な角度から研究が進められている。

まず、傍線部を含む一文の構造を分析すると、主部は「こうした心のさまよいは」となっており、述部は「『マインド・ワンダリング』と呼ばれており」であると分かります。ですから、「こうした心のさまよい」とは「マインド・ワンダリング」であると分かります。「マインド・ワンダリング」のような、筆者が特別に使用している語が「個人言語」です。

次に傍線部に注目すると「こうした」という指示語が使われています。「このような」「こうした」はまとめの指示語なので、直前の「具体例」ではなく、その前の「まとめの表現」を探しましょう。

また、「心のさまよい」というのは比喩表現です。心がどうなっている状態を喩（たと）えた表現なのかを考えながら、解答の根拠を求めましょう。

STEP② 解答の根拠を捉える。［周囲の文を見る］

第三段落〜第四段落

> 思わず「今」とつぶやくとき、大まかに言って私の心は二つの作業をやっている。第一の、より説明しやすい作業は、「今」に注意を引き戻すというもの。いま目の前の状況こそがまさしく「今」の現実であると自覚し、過去や未来への雑念、あるいはその他の空想から現実に心を向け変えるうえで、「今」というつぶやきは引き金（トリガー）になっている。
> （引用ー具体例）（ある科学論文によれば——あくまで限定的な調査結果ではあるが——人々は生活の半分近い時間を、目の前の現実と関わりのない思考に費やしているとされる。）〈A こうした心のさまよいは〉「マインド・ワンダリング」と呼ばれており、近年では多様な角度から研究が進められている。〈先記の作業は〉、マインド・ワンダリングから自分を呼び覚ますものと言えるだろう。

「指示語」の指示内容を前文に求めると、「人々は生活の半分近い時間を、目の前の現実と関わりのない思考に費やしている」とあります。「ある科学論文」というのは「引用」であり、その調査結果は「限定的」とあることから、一部の具体例であると分かります。この部分そのものは「まとめ」の説明に使えませんので、一般的表現で書かれた部分を探します。すると、前の文に「過去や未来への雑念、あるいはその他の空想」とあり、「目の前の現実とは関わりのない」＝「過去や未来」「思考」＝「雑念」だと考えられるでしょう。ですから、この部分をもとにして解答を構成します。また、

「目の前の状況（現実）」という対立関係になっている部分も含めて考えます。

一般的表現
目の前の現実を見ずに、過去や未来への雑念、あるいはその他の空想にとらわれている

↓

具体例
（人々は生活の半分近い時間を、目の前の現実と関わりのない思考に費やしている）

↓

まとめ
こうした心のさまよい

STEP③ 解答のポイントをまとめる。

一般的表現
「こうした心のさまよい」
＝「目の前の現実を見ずに、過去や未来への雑念、あるいはその他の空想にとらわれている」

STEP④ 記述解答を書く。

解答例
過去や未来への雑念やその他の空想にとらわれている状態。

採点ポイント

1 過去や未来への雑念（4点）
2 その他の空想（4点）
3 にとらわれている状態。（2点）

具体例の表現が採用されていると減点の対象になります。

採点例

目の前の現実と関わりのない雑念や空想にとらわれている状態。（6点）
（1＋2＋具体例）

具体例の部分と一般的表現の部分が混ざった解答です。1 2のポイントの中心は押さえてありますが説明不足となるので、6点になります。

採点例

目の前の現実と関わりのない思考にとらわれている状態。（4点）

具体例

この答案は「限定的」な具体例に書かれている内容なので、①②のポイント不足となります。

採点例

目の前の現実を見ずに、過去や未来への雑念にとらわれている状態。（4点）

①のみ②なし

この答案は一見すると②のポイントが欠けているので、6点くらいもらえそうですが、実は4点です。つまり、①②のポイントが不足していると判断されます。**本文の解答の根拠が「Aまたは、B」という形になっている場合、「Aのみ」や「Bのみ」の答案は誤りです。**例えば、「盗み食いの犯人はA君か、またはB君だ」と本文に書いてあって、「盗み食いの犯人はA君だ」と解答したらどうでしょうか？「盗み食いの犯人はB君かもしれないし、共犯かもしれない」と思いますよね。

記述思考エレメント

解答の根拠に「Aまたは、B」とあるときは、「A」「B」ともに解答に含める。

実践問題2

次の文章は東浩紀（あずまひろき）の『観光客の哲学』の一部である。筆者は現代を二重構造の時代と呼んでいる。二重構造とは、政治においてはナショナリズムが生きており、経済においてはグローバリズムが生きているという構造のことである。これを読んで、設問に答えよ。

出題　明治大学

経済はつながるのに、政治はつながらない時代。欲望はつながるのに、思考はつながらない世界。下半身はつながっているのに、上半身はつながりを拒む時代。それが二層構造の時代の世界秩序だが、最後に、さらに下品との非難を浴びるのを承知のうえで連想を進めるとすれば、この時代においては、国民国家間の関係は、しばしば、愛を確認しないまま、肉体関係をさきに結んでしまったようなものになりがちだと言うことができるのかもしれない。

いまの時代、経済＝身体は、欲望に忠実に、国境を越えすぐにつながってしまう。けれども政治＝頭はその現実に追いつかない。政治＝頭のほうは、両国のあいだにはさまざまな問題があり、いまだ信頼関係は育っていないので、経済＝身体だけの関係は慎むべきだと考える。とはいえ市民社会＝身体はすでに快楽を知っており、関係はなかなか切断できない。機会があればまた関係をもってしまう。比喩的に言えば、いま世界中でそのような事態が起きている。日本と隣国の関係もその一例である。そしてここで問題なのは、愛がないなら関係は切るべきだ、とはいえ現実には切れないという葛藤は、実際には社会のなかにストレスを高めるだけでろくな結果を引き起こさないということである。

たしかに、愛を確認しないまま関係をもってしまったのは、つまりは政治的な信頼関係をつくれないまま経済的な依存関係を深めてしまったのは、軽率ではあるだろう。不純でもあるかもしれない。二層構造の時代は、そういう意味では徹底して軽率で不純な時代である。けれども結局は、関係が切れないなら、覚悟を決めて愛を育てるしかない。

問　傍線部「愛を確認しないまま、肉体関係をさきに結んでしまった」とあるが、どういうことと筆者は考えているか。本文中の言葉を用いて五〇字以内で述べよ。(句読点・記号等も字数に含む)

読解ストラクチャー

1 経済はつながるのに、政治はつながらない時代。欲望はつながるのに、思考はつながらない世界。（比喩）（下半身はつながっているのに、上半身はつながりを拒む時代。）それが二層構造の時代の世界秩序だが、最後に、さらに下品との非難を浴びるのを承知のうえで連想を進めるとすれば、この時代においては、（比喩）（国民国家間の関係は、しばしば、愛を確認しないまま、肉体関係をさきに結んでしまったようなものになりがちだ）と言うことができるのかもしれない。

第一段落は二重構造の時代に関して筆者が説明をしている段落です。ところが、その説明が「比喩表現」で書かれています。「経済」のことを「下半身」と喩えています。また、「政治」のことを「上半身」と喩えています。この「比喩表現」を念頭に置いて、読み進めましょう。

2 （比喩）（いまの時代、経済＝身体は、欲望に忠実に、国境を越えすぐにつながってしまう。けれども政治＝頭はその現実に追いつかない。政治＝頭のほうは、両国のあいだにはさまざまな問題があり、いまだ信頼関係は育っていないので、経済＝身体だけの関係は慎むべきだと考える。とはいえ市民社会＝身体はすでに快楽を知っており、関係はなかなか切断できない。機会があればまた関係をもってしまう。）**比喩的に言えば**、いま世界中でそのような事態が起きている。（[具体例]日本と隣国の関係もその一例である。）**そして**ここで問題なのは、愛がないなら関係は切るべきだ、とはいえ現実には切れないという葛藤は、実際には社会のなかにストレスを高めるだけでろくな結果を引き起こさないということである。

第二段落は、比喩表現を用いて二重構造を説明しています。いまの時代、経済の分野では、国境を越えて国家がつながります。これはグローバリズムの考え方だと言って良いでしょう。ところが、政治の分野では、まだまだ問題が残っているので、国同士の信頼関係は育っておらず、軋轢（あつれき）があります。これは、まだナショナリズムの考え方が生きていると言って良いでしょう。このような事態が世界中のいたるところで起きています。

そして、この状態は社会のなかにストレスを高めるだけでろくな結果にならないと筆者は否定しています。では、筆者はどのような状態を理想としているのかと考えながら、読み進めましょう。

3 （[譲歩]**たしか**に、愛を確認しないまま関係をもってしまったのは、**つまりは**政治的な信頼関係をつくれないまま経済的な依存関係を深めてしまったのは、軽率ではあるだろう。不純でもあるかもしれない。二層構造の時代は、そういう意味では徹底して軽率で不純な時代である。）**けれども結局は**、（[比喩]関係が切れないなら、覚悟を決めて愛を育てるしかない）。

第三段落は「譲歩」しつつ、二重構造の時代でどうするべきかという筆者の主張が登場します。「関係が切れないなら、覚悟を決めて愛を育てるしかない」という部分が筆者の主張です。ところが、この部分も「比喩表現」で書かれています。

「愛を育てる」という表現は「愛を確認しないまま、肉体関係をさきに結んでしまった」という部分と対応します。「肉体関係」が「経済的なつながり」の比喩なので、「愛」のほうは「政治的なつながり」の比喩だと考えられます。筆者は「経済的なつながりが切れないなら、政治的なつながりを育てていくしかない」と主張していると考えられます。

全体像

現代は二重構造の時代
・経済的には国境を越えてすぐにつながる
・政治的には信頼関係が育っていない

←

譲歩

政治的な信頼関係をつくれないまま経済的な依存関係を深めてしまったのは、軽率ではある

↔ 対立関係

筆者の主張

経済的な関係が切れないなら、政治的な信頼関係を育てるしかない

解法ストラクチャー

STEP① 傍線部を含む一文を分析する。[文構造→ポイント]

〈それが〉二層構造の時代の世界秩序だが、／
最後に、さらに下品との非難を浴びるのを承知のうえで連想を進めるとすれば、／
この時代においては、〈国民国家間の関係は〉、しばしば、愛を確認しないまま、肉体関係をさきに結んでしまったようなものになりがちだと言うことができるのかもしれない。

（比喩表現）

まず、傍線部を含む一文の構造を分析すると、傍線部に対する主部は「国民国家間の関係は」となっており、述部は「しばしば、愛を確認しないまま、肉体関係をさきに結んでしまったようなものになりがちだ」であると分かります。

次に傍線部に注目すると「ようなもの」とあり、「比喩表現」になっていることが分かります。「比喩表現」を一般的な言い方で説明している部分を捉えましょう。

STEP② 解答の根拠を捉える。［周囲の文を見る］

第一段落〜第三段落

1 経済はつながるのに、政治はつながらない時代。欲望はつながるのに、思考はつながらない世界。（下半身はつながっているのに、上半身はつながりを拒む時代。）それが二層構造の時代の世界秩序だが、最後に、さらに下品との非難を浴びるのを承知のうえで連想を進めるとすれば、この時代においては、（国民国家間の関係は、しばしば、愛を確認しないまま、肉体関係をさきに結んでしまったようなものになりがちだ）と言うことができるのかもしれない。

（中略）

3 （たしかに、愛を確認しないまま関係をもってしまったのは、つまりは政治的な信頼関係をつくれないまま経済的な依存関係を深めてしまったのは、軽率ではあるだろう。不純でもあるかもしれない。二層構造の時代は、そういう意味では徹底して軽率で不純な時代である。）けれども結局は、関係が切れないなら、覚悟を決めて愛を育てるしかない。

「愛を確認しないまま、肉体関係をさきに結んでしまった」の説明は第三段落にあります。「つまりは」で解説されている「政治的な信頼関係をつくれないまま経済的な依存関係を深めてしまった」という部分が説明になっています。この部分をもとにして答案を作りましょう。

STEP③ 解答のポイントをまとめる。

①「国民国家間の関係」
②「愛を確認しないまま、肉体関係をさきに結んでしまった」
＝「政治的な信頼関係をつくれないまま経済的な依存関係を深めてしまった」

STEP④ 記述解答を書く。

解答例
国民国家同士が、政治的な信頼関係をつくれないまま、経済的な依存関係を深めてしまったということ。

採点ポイント
1 国民国家同士が（3点）
2 政治的な信頼関係をつくれないまま、経済的な依存関係を深めてしまった（5点）
3 〜ということ。（2点）

採点例

政治的な信頼関係をつくれないまま、経済的な依存関係を深めてしまったということ。（7点）

この答案は「主部」がないので、3点減点となります。

記述思考エレメント

解答の文に「主部」「述部」という骨格があるかを確認する。

実践問題3　次の文章を読んで、設問に答えよ。

出題　島根大学

　しばらく前、ある本の冒頭で、とても印象深い「学び」の風景に出会ったことがある。『世界の再魔術化』で知られる著者モリス・バーマンが書きとめているエピソードによれば、ヘブライ語のアルファベットを習う最初の日、教師は子どもたちにそれぞれの石版に最初の文字を蜜で書かせ、それを舐(な)めさせたという。子どもたちは、文字を学ぶ最初の瞬間に、知識は甘美なるものであることを感得する。いったい今の世界で、誰が「文字」に味があることを教えられるだろうか。文字が視覚以外の感覚を刺激するということは、無論、活字では不可能だし、まして電子テキストではありえない。「文字」を単なる伝達媒体(メディア)とする考えからは、絶対に出てこないような「教育」が、かつて存在していたということである。

　文字が「味覚」と直接に結びつくことは、おそらく稀(まれ)なことだろう。だが触覚なら、まだ分かる。わたしたちはもともと文字を、常に触覚を通して学んできた。漢字文化圏には幸いにして書道が生きているし、アラブ語圏にも見事なカリグラフィーの伝統がある。細々とではあるが、ヨーロッパにもペンとインクの伝統は残っている。たとえばフランスでは、小学校でアルファベットを書き始める際に、今日でもインクとペンを子どもたちに使わせる。かの有名な写真家ロベール・ドワノーの作品に、両手をインクだらけにしながら勉強している小学生たちを活写した傑作写真集がある。これは半世紀近く昔の撮影だが、今日でもそれほど変わらないようだ。パリに駐在しているアメリカ人のジャーナリストが、フランスの小学校に通う息子が、手をインクだらけにして帰ってくるのに疑問を投げかけるエッセイを読んだことがある。インク壺(つぼ)はさすがに少数になり、万年筆を使わせているようだが、それでも普通に考えれば、小学校の一年生がいまどき手やシャツに、インクの染みをつけている光景は、全小学校にインターネットが完備されている合衆国の親には理解し難いものかもしれない。
文字が意味の媒体でしかないならば、インクまみれの手やシャツは時代遅れの産物である。文字は「染み」を作るものであることを、手を汚しながら身体で理解することの重要性は、まさしくこの点にかかっている。ペン先の角度、インクの染み、筆圧、視線の集中といった、それ自体かなり複雑な諸力が組み合わさり、意識と物質との相互的作用のなかから生まれ出るものが、「文字」であり「言葉」なのだ。そこをおろそかにすると、「創造」という最も重要な出発点を、子どもの時代に逃がしてしまいかねないのではないだろうか。文字がそうであるように、それが印刷される紙や、束ねられている表紙といった本の物理的な構造にも、同様の検討を加えてみる価値はありそうである。

（港千尋『第三の眼』による）

問　傍線部「文字は『染み』を作るものである」とは、どういう意味であるのか、簡潔に説明せよ。

読解ストラクチャー

① しばらく前、ある本の冒頭で、とても印象深い「学び」の風景に出会ったことがある。『世界の再魔術化』で知られる著者モリス・バーマンが書きとめているエピソードによれば、ヘブライ語のアルファベットを習う最初の日、教師は子どもたちにそれぞれの石版に最初の文字を蜜で書かせ、それを舐めさせたという。子どもたちは、文字を学ぶ最初の瞬間に、知識は甘美なるものであることを感得する。）いったい今の世界で、誰が「文字」に味があることを教えられるだろうか。文字が視覚以外の感覚を刺激するということは、無論、活字では不可能だし、まして電子テキストではありえない。「文字」を単なる伝達媒体とする考えからは、絶対に出てこないような「教育」が、かつて存在していたということである。

第一段落は「エピソード」で始まっています。「エピソード」はその後の筆者の説明を導くために書かれたものなので、「文字が視覚以外の感覚を刺激するということ」があるということを説明するためのエピソードだと分かれば大丈夫です。

2 （文字が「味覚」と直接に結びつくことは、おそらく稀なことだろう。）だが触覚なら、まだ分かる。わたしたちはもともと文字を、常に触覚を通して学んできた。漢字文化圏には幸いにして書道が生きているし、アラブ語圏にも見事なカリグラフィーの伝統がある。細々とではあるが、ヨーロッパにもペンとインクの伝統は残っている。（たとえばフランスでは、小学校でアルファベットを書き始める際に、今日でもインクとペンを子どもたちに使わせる。かの有名な写真家ロベール・ドワノーの作品に、両手をインクだらけにしながら勉強している小学生たちを活写した傑作写真集がある。これは半世紀近く昔の撮影だが、今日でもそれほど変わらないようだ。パリに駐在しているアメリカ人のジャーナリストが、フランスの小学校に通う息子が、手をインクだらけにして帰ってくるのに疑問を投げかけるエッセイを読んだことがある。インク壺はさすがに少数になり、万年筆を使わせているようだが、それでも普通に考えれば、小学校の一年生がいまどき手やシャツに、インクの染みをつけている光景は、全小学校にインターネットが完備されている合衆国の親には理解し難いものかもしれない。）

第二段落は「文字が視覚以外の感覚を刺激するということ」に関して説明しています。第一段落の「エピソード」のように「文字が味覚を刺激する」ということはおそらく稀だと「譲歩」しながらも、「文字を触覚を通して学んできた」ということは理解できると述べています。その後で、「文字を触覚を通して学んできた」ということの「具体例」を挙げます。

3 文字が意味の媒体でしかないならば、インクまみれの手やシャツは時代遅れの産物である。文字は「染み」を作るものであることを、手を汚しながら身体で理解することの重要性は、まさしくこの点にかかっている。ペン先の角度、インクの染み、筆圧、視線の集中といった、それ自体かなり複雑な諸力が組み合わさり、意識と物質との相互的作用のなかから生まれ出るものが、「文字」であり「言葉」なのだ。そこをおろそかにすると、「創造」という最も重要な出発点を、子どもの時代に逃がしてしまいかねないのではないだろうか。文字がそうであるように、それが印刷される紙や、束ねられている表紙といった本の物理的な構造にも、同様の検討を加えてみる価値はありそうである。

第三段落は「文字」に関する2つの考え方が述べられています。「文字は意味の媒体でしかない」という考え方からすると、「ペン」と「インク」は時代遅れですが、「文字は意識と物質との相互的作用のなかから生まれ出るものだ」という考え方からすると、手を汚しながら身体で理解する「ペン」と「インク」の教育には重要な意味があります。この教育が「『創造』という最も重要な出発点」であると筆者は考えています。

全体像

エピソード

ヘブライ語のアルファベットを習う最初の日、教師は子どもたちにそれぞれの石版に最初の文字を蜜で書かせ、それを舐（な）めさせた

↓

説明

文字が視覚以外の感覚を刺激するということを教える教育がかつてあった

↓

わたしたちはもともと文字を、常に触覚を通して学んできた

一般論

「文字は意味の媒体でしかない」

↕ 対立関係

筆者の主張

「文字は意識と物質との相互的作用のなかから生まれ出るものだ」

解法ストラクチャー

STEP① 傍線部を含む一文を分析する。［文構造→ポイント］

個人言語

〈文字は「染み」を作るものであることを、手を汚しながら身体で理解することの重要性は〉、まさしく［この］点にかかっている。

まず、傍線部を含む一文の構造を分析すると、傍線部に対する主部は「文字は『染み』を作るものであることを、手を汚しながら身体で理解することの重要性は」となっています。

次に傍線部に注目すると「染み」という言葉に「カギカッコ」がついています。これは特殊な意味で用いられていることを表しているので、個人言語だと考えましょう。

傍線部は「文字」に関する説明なので、「文字」の説明を求めましょう。

STEP② 解答の根拠を捉える。［周囲の文を見る］

第三段落

文字が意味の媒体でしかないならば、インクまみれの手やシャツは時代遅れの産物である。〈文字は「染み」を作るものであることを、手を汚しながら身体で理解することの重要性は〉、まさしくこの点にかかっている。ペン先の角度、インクの染み、筆圧、視線の集中といった、それ自体かなり複雑な諸力が組み合わさり、意識と物質との相互的作用のなかから生まれ出るものが、「文字」であり「言葉」なのだ。そこをおろそかにすると、「創造」という最も重要な出発点を、子どもの時代に逃がしてしまいかねないのではないだろうか。文字がそうであるように、それが印刷される紙や、束ねられている表紙といった本の物理的な構造にも、同様の検討を加えてみる価値はありそうである。

「文字」の説明を探します。『文字』であり」という述語に注目し、その説明を参照すると、「ペン先の角度、インクの染み、筆圧、視線の集中といった、それ自体かなり複雑な諸力が組み合わさり、意識と物質との相互的作用のなかから生まれ出るもの」とあります。「ペン先の角度、インクの染み、筆圧、視線の集中といった」は、具体的な状況であり、これを受けた「それ自体かなり複雑な諸力が組み合わさり」は、続く「意識と物質との相互作用」という部分に簡潔にまとめられています。記述解答には「簡潔に説明されている部分」を採用するようにしましょう。

記述思考エレメント

「詳しい説明」と「簡潔な説明」の両方があったら、簡潔な説明を解答に入れる。

また、「そこをおろそかにすると、『創造』という最も重要な出発点を、子どもの時代に逃がしてしまいかねないのではないだろうか」とあることから「そこ」の指示内容を踏まえると、『染み』を作る」とは「『創造』という最も重要な出発点」でもあることが分かります。

STEP③ 解答のポイントをまとめる。

「文字は『染み』を作るものである」

①「ペンとインクで文字を書くこと」　②「意識と物質との相互的作用」

③「『創造』という最も重要な出発点」

STEP④ 記述解答を書く。

解答例

ペンとインクで文字を書くことは、意識と物質との相互的作用であり、創造という最も重要な出発点になるという意味。

採点ポイント

1 ペンとインクで文字を書くこと（2点）
2 意識と物質との相互的作用（3点）
3 「創造」という最も重要な出発点（3点）
4 〜という意味（2点）

採点例

ペン先の角度、インクの染み、筆圧、視線の集中といった、それ自体かなり複雑な諸力が組み合わさり、意識と物質との相互的作用のなかから生まれ出るものという意味。（5点）

この答案は「文字は」という主語を見落として「染み」の説明のみが書かれたものになります。記述解答を作ったら、もう一度傍線部を見直して、説明すべき要素を落としていないかを確認するようにしましょう。

記述思考エレメント

解答の文が　傍線部の要素をすべて説明しているかを確認する。

コラム

「どういうことか」という問題の本質についての思考ストラクチャー

僕が現代文講師を始めたとき、ある英語の先生に次のように言われました。「柳生先生、現代文というのは訳の分からん科目ですな。『どういうことか』って聞かれても、そんなの読んで字の如くじゃないですか。これ以上どう説明しろっていうんですか」

今思い返すと、なかなか挑戦的な発言ですが、英語講師や古典講師もやっていた僕にとっては「確かにそうだな」と思い当たる節もありました。英語という科目では、英語を日本語に訳したり、日本語を英語に訳したりすれば良いでしょう。古典という科目では、古語を現代語に訳せば良いですよね。しかし、現代文はというと「現代日本語を現代日本語に訳す。変な科目だ」となってしまいます。

ここで大学時代の言語学の勉強を思い出しました。大学時代ソシュール言語学にはまっていた僕は「ラング（langue）」と「パロール（parole）」という概念で説明できないかと考えました。「ラング」とは「ある言語社会の成員が共有する音声・語彙・文法の規則の総体」のことです。そして、「パロール」とは「ラングが具体的に個人によって使用された実体」のことです。

現代文の文章を筆者の「パロール」として読んでみてはどうかと僕は考えました。「具体的な個人の発話」とは「具体的な場」すなわち「具体的な文脈」において初めて意味を持ちます。「指示語」「比喩表現」「個人言語（idiolect）」は具体的な文脈から外れた瞬間に意味を失います。そのような「パロール」を、日本という言語社会の成員なら誰でも共有できる言葉である「ラング」に書き換えることが「どういうことか」の本質なのではないかと考えました。

そして、実はこれこそが「国語」の本質なのではないかとも思いました。「国語」というのは実は明治時代に作られたものです。それまでの日本では、ある地方でのみ通じる「方言」や、「貴族」「武士」などある社会集団の中で通じる「階級語」しかなく、日本国民という概念もなかったのです。明治になって近代国民国家を作る中で「国語（標準語）」が制定され、教育によって全国民に「国語」が与えられました。

このことを踏まえて、「どういうことか」の問題とは、具体的文脈においてはじめて意味をなす言葉を日本国民なら誰でも理解できる言葉に書き換える問題だと考えることができます。このような着想から、「傍線部内容説明問題の解法ストラクチャー」は誕生しました。

第2講

「理由説明問題」のストラクチャー

第2講 「理由説明問題」のストラクチャー

講義

今回は傍線部理由説明問題について学んでいきましょう。

1 「なぜか」という問いの本質を考える

「なぜか」という問いはとても難しいものです。かつて「『だから』や『なぜなら』という接続詞に注意しましょう」というアドバイスを受けた人もいるかもしれませんが、いざ大学入試問題を解いてみると**接続詞がいつも使われているわけではない**ことに気がつきます。そして、人によっては答え方がいくつもあるように思えてしまうかもしれません。そこで今回は**入試現代文において「なぜか」という問いが一体何を要求しているのか**を考えていきましょう。

「なぜか」という問いには、実は2種類の可能性があるのです。1つは、**事実的な因果関係を問う**ものです。例えば、「K助がテストで100点をとったのは、なぜか」という問いの答えは「テスト勉強を頑張ったから」となるでしょう。この「なぜか」は「K助がテストで100点をとった」という事実の原因を聞いています。このような「なぜか」の問いを**因果関係の問い**ということにします。

原因 テスト勉強を頑張ったから ↓ 結果 K助がテストで100点をとった

もう1つは、「K助は賢いとあるが、なぜそのように言えるのか」という問いです。この問いへの答えは「K助はテストで100点をとったから」となるでしょう。これは「K助は賢い」という**筆者の判断や筆者の主張の根拠を問う問題**です。このような「なぜか」の問いを**判断根拠の問い**ということにします。

根拠 K助はテストで100点をとったから ↓ 主張 K助は賢い

記述思考エレメント

「なぜか」という問いには因果関係の問いと判断根拠の問いの2種類がある。

この2種類の問いは元来「なぜか」「なぜそのように言えるのか」と明確に分かれていたのですが、現在の入試問題を見ると「なぜか」という問いで「判断根拠」を問う問題もありますので、単純に区別することはできません。確実なのは「なぜそのように言えるのか」という問題は判断根拠の問いだということです。

2 大学入試の評論文の「なぜか」は、判断根拠の問題

さて、ここで「2種類あるなんて大変だ」と思った人もいるかもしれませんが、**実は大学入試の評論文の「なぜか」の問題は圧倒的に判断根拠の問いが多い**ということを覚えておいてください。なぜなら、因果関係の問いは、「だから」や「よって」などの因果関係を表す表現をチェックしていれば容易に解けてしまうからです。高校入試レベルならそれなりに出題はありますが、大学入試では簡単すぎてほとんど出題されないのです。仮に出題されたとしても、読めたら解けるレベルです。ですから、本書では評論文の「なぜか」の問題とは判断根拠の問いであると考えて、説明していきます。

3 傍線部理由説明問題の解法手順

それでは具体的にどのようにすれば良いのかを説明します。傍線部理由説明問題を解くときは、必ず次の手順を守って解答するようにしてください。

傍線部理由説明問題の解法ストラクチャー

STEP① 傍線部を含む一文の構造を分析する。
ポイントとなる部分（A「前提」↓X「帰結」の「飛躍」）を捉える。

STEP② 解答の根拠を捉える。

STEP③ 解答のポイントをまとめる。

STEP④ 記述解答を書く。

STEP① 傍線部を含む一文の構造を分析する。

まず、傍線部のある一文の構造を分析します。「主語は何か」「述語は何か」「修飾部はどこにかかっているか」など文の成分に応じて、構造を調べます。この作業は「どういうことか」の問題を解くときと同じです。

「なぜか」の問題では「**飛躍**」がポイントとなります。その「飛躍」は構造を調べることで捉えることができます。

①「主語（主部）」→「述語（述部）」　例：K助は、賢い
②「修飾語（修飾部）」→「被修飾語（被修飾部）」　例：賢いK助
③「接続語（接続部）」→「文」　例：勉強するならば、将来は安泰だ

ポイントとなる部分（A「前提」→X「帰結」の「飛躍」）を捉える。

次に、「ポイントとなる部分」ですが、ここが「なぜか」の本質です。「なぜか」でポイントとなるのは「A（前提）」→「X（帰結）」の間にある「飛躍」です。例えば、「K助は、賢い」という文があったとき、私たちは「なぜ？」と思います。それは「K助」について私たちが何も知らないからです。このように「A（前提）」に関する情報が不足しているために「飛躍」が生じて、「なぜか」という問いが生じるのです。

実は、この「飛躍」を捉えるために文の構造を調べていたのです。ただし、「飛躍」は設問が教えてくれる場合もあります。次のような設問文に注意してみましょう。

- 傍線部〜とあるが、「…」というのはなぜか／なぜ「…」なのか
↓「…」が「X（帰結）」
- 傍線部〜とあるが、「〇〇」が「…」なのはなぜか／なぜ「〇〇」は「…」なのか
↓「〇〇」が「A（前提）」で、「…」が「X（帰結）」

設問に注意することで、「飛躍」を捉えやすくなるので、必ず設問文はチェックしましょう。

記述思考エレメント

「なぜか」の問題では、文構造にそって「飛躍」を捉える。

STEP② 解答の根拠を捉える。

次に、傍線部の周りにある解答の根拠となる文を探しましょう。「A（前提）」に関する情報が共有されていないために、「飛躍」が生じるのですから、「A（前提）」に関する詳しい説明を求めます。これが解答の根拠となります。例えば「K助は、賢い」とあるが「なぜか」という問いは、「K助」について何も知らないことから生じていると分かりました。そこで筆者は、「K助はテストで100点をとった」という「A（前提）」に関する詳しい説明をします。「K助」→「テストで100点」→「賢い」というように飛躍が埋まれば、なるほどと納得します。

記述思考エレメント

「A前提」→「X帰結」の「飛躍」を埋めるために、「A前提」の詳しい説明を求める。

STEP③ 解答のポイントをまとめる。

本文で解答の根拠が見つかったら、そのポイントをまとめます。この問題でもポイントを箇条書きにしてみます。「なぜか」の問題でも、40字〜50字の記述問題は2ポイントくらい求められていることが多いです。

STEP④ 記述解答を書く。

ポイントがまとまったら、いよいよ記述解答を書きましょう。記述解答を書いたら、「解答」だから「傍線部」というように読んでみてください。そこで「飛躍」が埋まっているかどうかを確認します。

また、**根拠「A」だから、判断「A」は同語反復なので、理由にならない**ということも念頭に置いておきましょう。例えば、根拠「K助は賢い」から、判断「K助は賢い」は明らかに理由説明になっていません。ただし、根拠「K助はテストで100点を取っており、テストで100点を取るものは賢い」から、判断「K助は賢い」という「解答」はどうでしょう。一見、「賢い」が同語反復なのではないかと思うかもしれませんが、厳密にいうと根拠の部分で「K助は」という主語に対して「賢い」という説明はしていません。これは「飛躍」を埋める説明なので、解答としてふさわしいものになります。**語句レベルで同語反復と考えるのではなく、文レベルで「飛躍」を埋めているのかどうかを考えてください。**（ちなみに、例文はいわゆる「三段論法」の基本であり、理由説明の基礎です。）

記述思考エレメント

全く同じ文で理由を説明することはできない。

ただし、「飛躍」を埋める説明になっていれば、傍線部と同じ語句が使われることは問題ない。

実践問題4　次の文章は伊藤亜紗（いとうあさ）『手の倫理』の一節である（設問の都合で一部省略し、表記を改めたところがある）。読んで設問に答えよ。

出題　北海道大学

西洋哲学の文脈において触覚がどのように理解されてきたかを知るうえで、まずおさえておきたいのは、そもそも触覚が伝統的に「劣った感覚」として位置づけられてきた、ということです。

視覚、聴覚、嗅覚（きゅうかく）、味覚、触覚。人間は五つの感覚を持つと言われています。もっとも、目で見るだけでも物の質感を感じることはできますし、一部の人は音に色を感じる（共感覚）など、五つの区別はそれほど明確ではありません。ですが、その問題にはひとまずここでは立ち入らないことにしましょう。便宜的に五つに分けるとして、しかし、これらは決して対等ではなかったのです。

感覚の(注)ヒエラルキーの最上位に位置するのは、ご想像のとおり、視覚です。視覚が優位に立つのは、私たちが視覚に頼りがちだからではなく、視覚がより精神的な感覚だと考えられたから。それぞれの感覚が持つ（と人々が考えた）特性にしたがって、ヒエラルキーが与えられていたのです。

視覚が精神的な感覚であり、それゆえ最上位に位置すると考えられていたことは、たとえばプラトンの「イデア」論を見ればあきらかです。イデアという語はギリシャ語「イデイン」、すなわち「見る」に由来しています。認識の本質は、とりもなおさず「見る」ことにあると考えられていたのです。

ただし、イデアを見るのは生理的な目ではありません。それは魂が霊界にいるときに見ていたものであって、体を持った人間の認識は、不完全ながらそれを想起することによって成立している、とされるのです。

プラトンは逆に、敵対するソフィストたちを「抵抗感とか接触感とかいったものを与えてくれるものしかありはしないのだと言い張」ると、触覚に結び付けて批判しています。

なぜ、触覚は劣っているのか。まずあげられるのは、「距離のなさ」です。視覚であれば、対象から離れているので、対象から自己を切り離して、理性的に分析したり、判断したりすることが可能です。ところが触覚にはそうした距離がない。触覚は、対象に物理的に接触することなしには、認知が成立しないのです。ゆえに自己の欲望や快不快に直結してしまう。感覚のヒエラルキーは、大きく分けて視覚と聴覚が上位、嗅覚、味覚、触覚が下位に分けられますが、この二つのグループの線引きとなっているのが、まさにこの距離の問題なのです。

注　ヒエラルキー――階層制。

問　傍線部「視覚がより精神的な感覚だと考えられた」とあるが、それはなぜか。四〇字以内で説明せよ。

読解ストラクチャー

①　西洋哲学の文脈において触覚がどのように理解されてきたかを知るうえで、まずおさえておきたいのは、そもそも触覚が伝統的に「劣った感覚」として位置づけられてきた、ということです。

第一段落は「そもそも触覚が伝統的に『劣った感覚』として位置づけられてきた」ということを述べています。これを次の段落以降で詳しく説明していきます。

②　視覚、聴覚、嗅覚（きゅうかく）、味覚、触覚。人間は五つの感覚を持つと言われています。（補足 もっとも、目で見るだけでも物の質感を感じることはできますし、一部の人は音に色を感じる（共感覚）など、五つの区別はそれほど明確ではありません。）ですが、その問題にはひとまずここでは立ち入らないことにしましょう。便宜的に五つに分けるとして、しかし、これらは決して対等ではなかったのです。

第二段落は「これら（＝視覚、聴覚、嗅覚（きゅうかく）、味覚、触覚）は決して対等ではなかったのです」ということを述べています。「もっとも」以下は補足なので、深く立ち入る必要はありません。

読解思考エレメント

「もっとも」「ただし」は逆接的補足説明の接続表現なので、前がより重要。

③感覚のヒエラルキーの最上位に位置するのは、ご想像のとおり、視覚です。（根拠 視覚が優位に立つのは、私たちが視覚に頼りがちだからではなく、視覚がより精神的な感覚だと考えられたから。）それぞれの感覚が持つ（と人々が考えた）特性にしたがって、ヒエラルキーが与えられていたのです。

第三段落では「視覚が最上位に位置する」ということが述べられています。その根拠は「視覚がより精神的な感覚だと考えられた」からです。「から」という根拠を表す表現に注意しましょう。

読解思考エレメント

「〜からである」は前の内容に対する「根拠」となる。

4 視覚が精神的な感覚であり、それゆえ最上位に位置すると考えられていたことは、（具体例）たとえばプラトンの「イデア」論を見ればあきらかです。イデアという語はギリシャ語「イデイン」、すなわち「見る」に由来しています。）認識の本質は、とりもなおさず「見る」ことにあると考えられていたのです。

第四段落はプラトンの「イデア」論を具体例として用いて、「視覚が精神的な感覚であり、それゆえ最上位に位置すると考えられていた」ということを裏付けています。

5 （補足）ただし、イデアを見るのは生理的な目ではありません。それは魂が霊界にいるときに見ていたものであって、体を持った人間の認識は、不完全ながらそれを想起することによって成立している、とされるのです。プラトンは逆に、敵対するソフィストたちを「抵抗感とか接触感とかいったものを与えてくれるものしかありはしないのだと言い張」ると、触覚に結び付けて批判しています。）

第五段落は「ただし」から始まる補足説明です。「補足」は重要度が低いので、さっと読み流すのでしたね。「視覚」というと身体的な目の感覚をイメージしがちですが、プラトンが「イデアを見る」としたのは「生理的な目」ではなく「魂」だったことが書かれています。

6 なぜ、触覚は劣っているのか。（まずあげられるのは、「距離のなさ」です。視覚であれば、対象から離れているので、対象から自己を切り離して、理性的に分析したり、判断したりすることが可能です。ところが触覚にはそうした距離がない。触覚は、対象に物理的に接触することなしには、認知が成立しないのです。ゆえに自己の欲望や快不快に直結してしまう。）感覚のヒエラルキーは、大きく分けて視覚と聴覚が上位、嗅覚、味覚、触覚が下位に分けられますが、この二つのグループの線引きとなっているのが、まさにこの距離の問題なのです。

根拠

第六段落は触覚が視覚よりも劣っている「根拠」について述べられています。「視覚」は対象との距離があるのに対し、「触覚」は対象との距離がないので、「触覚」は自己の欲望や快不快に直結してしまうため、「触覚」は「視覚」よりも劣っているとされていたのです。

全体像

触覚は劣った感覚

↔ 対立関係

視覚は最上位に位置する感覚

（根拠）

視覚がより精神的な感覚だと考えられたから

・視覚は対象から離れているので、対象から自己を切り離して、理性的に分析したり、判断したりすることが可能

↔ 対立関係

・触覚は対象との距離がないので、自己の欲望や快不快に直結してしまう

解法ストラクチャー

STEP① 傍線部を含む一文を分析する。［文構造→ポイント］

〈視覚が優位に立つのは〉、
私たちが視覚に頼りがちだから**ではなく**、
A前提 → X帰結
視覚が**より**精神的な感覚だと考えられた**から**。

まず、傍線部を含む一文の構造を分析すると、傍線部に対する主部は「視覚が優位に立つのは」となっており、述部に「根拠」が述べられています。そして、「視覚が」という部分と、「より精神的な感覚だと考えられた」という部分に「飛躍」があります。

今回理由を説明しなければいけないのは「視覚がより精神的な感覚だと考えられた」という文なので、「より」という「**比較**」に注意して、「視覚」の説明を求めましょう。

STEP② 解答の根拠を捉える。［周囲の文を見る］

第三段落〜第六段落

3 感覚のヒエラルキーの最上位に位置するのは、ご想像のとおり、視覚です。〈視覚が優位に立つのは〉、私たちが視覚に頼りがちだからではなく、視覚がより精神的な感覚だと考えられたから。それぞれの感覚が持つ（と人々が考えた）特性にしたがって、ヒエラルキーが与えられていたのです。

（中略）

6 なぜ、触覚は劣っているのか。まずあげられるのは、「距離のなさ」です。視覚であれば、対象から離れているので、対象から自己を切り離して、理性的に分析したり、判断したりすることが可能です。ところが触覚にはそうした距離がない。触覚は、対象に物理的に接触することなしには、認知が成立しないのです。ゆえに自己の欲望や快不快に直結してしまう。感覚のヒエラルキーは、大きく分けて視覚と聴覚が上位、嗅覚、味覚、触覚が下位に分けられますが、この二つのグループの線引きとなっているのが、まさにこの距離の問題なのです。

「視覚」と「触覚」の違いは「対象との距離」があるかないかです。対象と距離がある＝精神的、対象と距離がない＝物質的という違いを整理すれば、「視覚がより精神的な感覚だ」ということができます。

STEP③ 解答のポイントをまとめる。

①「視覚」＝「対象から自己を切り離して、理性的に分析したり、判断したりすることが可能」
②「触覚」＝「対象に物理的に接触することなしには、認知が成立しない」

STEP④ 記述解答を書く。

解答例

視覚は対象に接触して認知する触覚とは異なり、対象と自己を切り離して認識するから。

採点ポイント

1 視覚は対象と自己を切り離して認識する（4点）
2 対象に接触して認知する触覚（4点）
3 「視覚」は「触覚」とは異なり（2点）

「より」という「比較」を表す言葉があるので、「視覚」と「触覚」の差異を説明することが必須です。すると、「視覚」と「触覚」の説明が字数的に厳しいので、違いに関わる部分のみを抽出します。「対象と自己を切り離す」「対象に接触する」が最も異なる部分なので、ここを中心にまとめましょう。

採点例

視覚は対象から自己を切り離して理性的に分析したり、判断したりできるから。（4点）

この解答は「視覚」の説明しかされていないので、「より精神的な感覚」であることの根拠にはなりません。「より」という「比較」を見逃さないようにしましょう。

記述思考エレメント

複数のものの「差異」や「比較」の理由説明は、「差異」や「比較」の形にならなければいけない。

採点例

プラトンのイデア論において、認識の本質が『見る』ことにあると考えられていたから。（0点）

「プラトンのイデア論」を根拠とした場合は誤りとなります。プラトンが「イデアを見る」としたのは「生理的な目」ではなく「魂」だとしているので、「視覚」の説明にはならないからです。

実践問題5　次の文章を読んで、後の問いに答えよ。

出題　京都教育大学

以下の二つの文の違いを文法的に考えてみよう。

（1）　校長先生が話を聞いてくださった。
（2）　校長先生に話を聞いていただいた。

まず、「聞いてくださる」と「聞いていただく」はそれぞれ「くださる」「いただく」が補助動詞として使われている。そして、「くださる」「いただく」はそれぞれ「くれる」「もらう」の敬語形である。「くださる」は「くれる」の尊敬語であり、「いただく」は「もらう」の謙譲語である。次に、「くれる」「もらう」について考えよう。これらは、どちらも物を受け取ることを表す動詞であるが、文法的な違いがある。

（3）　与え手ガ　受け手ニ　くれる。
（4）　受け手ガ　与え手ニ　もらう。

つまり、「くれる」は与え手が主語、与え手目線の文であり、「もらう」は受け手が主語、受け手目線の文になる。また、どちらの語でも、受け手は話し手・書き手（自分）となることが多い。敬語形の「くださる」と「いただく」もこの主語の違いと目線の違いを引き継いでいる。「くださる」「いただく」は動詞としては物を受け取ったことを表すが、「聞いてくださる」「聞いていただく」のように補助動詞になった場合は、直前の動詞が表す行為によって、話し手・書き手（自分）が恩恵を受けたことを表す。そして、恩恵の与え手目線か受け手目線かという違いが存在するのである。

二つの目線のうち、近年では受け手目線の表現が好まれる傾向にあり、「いただく」が多用されるようになった。しかし、その結果として、「イベントに幅広い年齢層のお客様が来ていただいた。」のように文法的に間違った「いただく」の使用も見られるようになっている。

問　傍線部「イベントに幅広い年齢層のお客様が来ていただいた。」の文が文法的に間違っているのはなぜか。本文に即して説明せよ。

読解ストラクチャー

1 以下の二つの文の違いを文法的に考えてみよう。

例示
（1） 校長先生が話を聞いてくださった。
（2） 校長先生に話を聞いていただいた。

第一段落は2つの文を例示して、「違い」を考えさせます。ただし、実際に立ち止まって考える必要はありません。筆者が説明してくれますので、「筆者の説明」を求めて後ろを読んでいきましょう。

読解思考エレメント

「例示」の解釈は立ち止まって考えるのではなく、「筆者の説明」を求める。

2 まず、「聞いてくださる」と「聞いていただく」はそれぞれ「くださる」「いただく」が補助動詞として使われている。そして、「くださる」「いただく」はそれぞれ「くれる」「もらう」の敬語形である。「くださる」は「くれる」の尊敬語であり、「いただく」は「もらう」の謙譲語である。次に、「くれる」「もらう」について考えよう。これらは、どちらも物を受け取ることを表す動詞であるが、文法的な違いがある。

例示（（3）与え手ガ　受け手ニ　くれる。
（4）受け手ガ　与え手ニ　もらう。）

第二段落は第一段落の「例示」の説明から入ります。この説明を図式にすると次のようになります。

「くださる」＝「くれる」の尊敬語補助動詞
⇔ **対立関係（差異）**
「いただく」＝「もらう」の謙譲語補助動詞

そして、さらに2つの文が例示されます。この「例示」の説明を後ろに求めましょう。

3 つまり、「くれる」は与え手が主語、与え手目線の文であり、「もらう」は受け手が主語、受け手目線の文になる。また、どちらの語でも、受け手は話し手・書き手（自分）となることが多い。敬語形の「くださる」と「いただく」もこの主語の違いと目線の違いを引き継いでいる。「くださる」「いただく」は動詞としては物を受け取ったことを表すが、「聞いてくださる」「聞いていただく」のように補助動詞になった場合は、直前の動詞が表す行為によって、話し手・書き手（自分）が恩恵を受けたことを表す。そして、恩恵の与え手目線か受け手目線かという違いが存在するのである。

第三段落は第二段落の「例示」を説明しています。この説明を図式にすると次のようになります。

「くれる」は与え手が主語、与え手目線の文である

↔ **対立関係（差異）**

「もらう」は受け手が主語、受け手目線の文である

そして、この「くれる」と「もらう」の説明を受けて、筆者は「くださる」と「いただく」の説明を展開します。「も」という副助詞に注目すると、「類似」の構造になっていることがわかるでしょう。図式にすると次のようになります。

「くれる」は与え手が主語、与え手目線の文である
「くださる」**も**与え手が主語、与え手目線の文である
↔ **対立関係（差異）**
「もらう」は受け手が主語、受け手目線の文である
「いただく」**も**受け手が主語、受け手目線の文である

4 二つの目線のうち、近年では受け手目線の表現が好まれる傾向にあり、「いただく」が多用されるようになった。しかし、その結果として、「イベントに幅広い年齢層のお客様が来ていただいた。」のように文法的に間違った「いただく」の使用も見られるようになっている。

第四段落は「いただく」が多用されるようになった結果、「文法的に間違った『いただく』の使用も見られるようになっている」ことが指摘されます。

全体像

「くださる」＝「くれる」の尊敬語補助動詞

・与え手が主語、与え手目線の文である

⇔ **対立関係（差異）**

「いただく」＝「もらう」の謙譲語補助動詞

・受け手が主語、受け手目線の文である

⬅

近年では受け手目線の表現が好まれる傾向にあり、「いただく」が多用されるようになった

⬅

文法的に間違った「いただく」の使用も見られるようになっている

解法ストラクチャー

STEP① 傍線部を含む一文を分析する。［文構造→ポイント］

> しかし、その結果として、〈「イベントに幅広い年齢層のお客様が来ていただいた。」のように文法的に間違った「いただく」の使用も〉見られるようになっている。
>
> （A前提　X帰結）

傍線部を含む一文の構造を分析すると、主部が『『イベントに幅広い年齢層のお客様が来ていただいた。』のように文法的に間違った『いただく』の使用も』となっており、述部が「見られるようになっている」となっています。

今回は『『イベントに幅広い年齢層のお客様が来ていただいた。』のように』という修飾部と「文法的に間違った『いただく』の使用」という被修飾部の間に「飛躍」があります。

STEP② 解答の根拠を捉える。［周囲の文を見る］

③ つまり、「くれる」は与え手が主語、与え手目線の文であり、「もらう」は受け手が主語、受け手目線の文になる。また、どちらの語でも、受け手は話し手・書き手（自分）となることが多い。敬語形の「くださる」と「いただく」もこの主語の違いと目線の違いを引き継いでいる。「くださる」「いただく」は動詞としては物を受け取ったことを表すが、「聞いてくださる」「聞いていただく」のように補助動詞になった場合は、直前の動詞が表す行為によって、話し手・書き手（自分）が恩恵を受けたことを表す。そして、恩恵の与え手目線か受け手目線かという違いが存在するのである。

④ 二つの目線のうち、近年では受け手目線の表現が好まれる傾向にあり、「いただく」が多用されるようになった。しかし、その結果として、「イベントに幅広い年齢層のお客様が来ていただいた。」のように文法的に間違った「いただく」の使用も見られるようになっている。

「いただく」は「もらう」の謙譲語ですが、補助動詞になった場合は、直前の動詞が表す行為によって、話し手・書き手（自分）が恩恵を受けたことを表します。そして、「いただく」は恩恵の受け手が主語になるはずです。

このことからすると、「いただく」を使う場合は恩恵の受け手である「話し手・書き手（自分）」が主語にならなければいけないのですが、傍線部の文は恩恵の与え手である「幅広い年齢層のお客様が」が主部になっています。ですから、「間違った」文だと言えるのです。

STEP ③ 解答のポイントをまとめる。

「いただく」

①補助動詞になった場合は、直前の動詞が表す行為によって、話し手・書き手（自分）が恩恵を受けたことを表す

②恩恵の受け手が主語になる

③傍線部の文は恩恵の与え手である「幅広い年齢層のお客様が」が主部になっている

STEP ④ 記述解答を書く。

解答例

過去謙譲語の『いただく』が補助動詞になった場合は、直前の動詞が表す行為によって、話し手・書き手（自分）が恩恵を受けたことを表し、また、恩恵の受け手が主語になるはずだが、傍線部の文は『来客』という恩恵の与え手である『幅広い年齢層のお客様が』が主部になっているから。

採点ポイント

1 謙譲語の「いただく」が補助動詞になった場合は、直前の動詞が表す行為によって、話し手・書き手（自分）が恩恵を受けたことを表し（3点）

2 恩恵の受け手が主語になるはずだ（3点）

3 傍線部の文は「来客」という恩恵の与え手である「幅広い年齢層のお客様が」が主部になっている（4点）

採点例

謙譲語補助動詞の『いただく』を使った文は、恩恵の受け手が主語になるはずだが、傍線部の文は恩恵の与え手が主部になっているから。（7点）

この答案は「いただく」の正しい用法と用例の誤っている点を指摘できているので、十分合格点を取れます。**解答欄が狭い場合にはこのような要点をついた答案にしましょう。**今回は字数制限がないので、解答例ではなるべく詳しく説明しました。

第3講

「記述解答」のストラクチャー

第3講

「記述解答」のストラクチャー

講義

今回は記述解答の書き方について学んでいきましょう。

1 記述で問われる典型的な情報の整理の仕方がある

何もない白紙の解答欄に記述解答を書くのは、とても難しく感じるものです。人によっては0から1を作り出すような創造性が必要だと感じてしまうかもしれません。

しかし、現代文の記述問題は頭の中から解答を捻(ひね)り出すものではなく、与えられている文章の内容を整理して書くものです。ですから、創造性はまったく必要ないと考えて良いでしょう。

そして、解答にはよく出てくる書き方もあります。2つ以上の事柄の違いを整理してまとめる「**差異**」。2つ以上の事柄の共通点を捉えてまとめる「**類似**」。ある事柄が成立するための条件を捉える「**条件法**」。一見矛盾するような2つの事柄が同時に成立する「**逆説**」。これら4つの構造＝ストラクチャーは記述問題で頻出なので、ぜひ覚えておきましょう。

記述思考エレメント

「差異」「類似」「条件法」「逆説」の4つのストラクチャーは記述問題で頻出する。

2 「差異」のストラクチャー

2つのものの違いを説明しなければいけない問題では**「差異」のストラクチャー**を使いましょう。

「差異」のストラクチャーとは**「AはXであるのに対し、BはYである」**というものです。例えば、サッカーとバスケの違いの説明を求められたとします。そのときには「サッカーは足でボールを運ぶスポーツであるのに対し、バスケは手でボールを運ぶスポーツである」と説明します。このように一定の形の中に情報をはめ込んでいけば、記述解答は簡単に書くことができます。

記述思考エレメント

「差異」のストラクチャーとは「AはXであるのに対し、BはYである」という形である。

この形のポイントはXとYが異なっていることです。先ほどの例でいうと「サッカー」は「足」、「バスケ」は「手」と異なっていますね。このことは解答の根拠を捉えるときにも意識すると良いでしょう。

3 「類似」のストラクチャー

2つのものの共通点を説明しなければいけない問題では**「類似」のストラクチャー**を使いましょう。「類似」のストラクチャーとは「**AもBもともにXである**」というものです。例えば、サッカーとバスケの共通点の説明を求められたとします。そのときには「サッカーもバスケもともにボールを持っているほうが攻撃側、ボールを持っていないほうが守備側になるスポーツである」と説明します。

記述思考エレメント

「類似」のストラクチャーとは「AもBもともにXである」という形である。

この形のポイントは「X」の部分がAとBの両方に当てはまる説明になっていることです。どちらか片方にしか当てはまらないような説明にならないように注意してください。先ほどの例でいうと「ボールを持っているほうが攻撃側、ボールを持っていないほうが守備側になるスポーツ」はサッカーにもバスケにも当てはまります。

4 「条件法」のストラクチャー

ある事柄が成立するための「条件」を整理して説明させる問題もあります。「条件」の中には、1

つでもある事柄が十分成立する条件もあれば、1つだけではある事柄が成立するには不十分な条件もあります。例えば、「雨が降ったら、遠足は中止だ」という場合、「雨が降る」という条件が1つあるだけで、「遠足は中止」という事柄が十分に成立します。反対に、「合格するためには、現代文の勉強をする必要がある」という場合、「現代文を勉強する」だけでは「合格」は成立しません。他の科目も勉強する必要があります。

このように、ある事柄が成立するための「条件」を読み取って、整理して書くために**「条件法」のストラクチャー**を覚えておきましょう。

記述思考エレメント

「条件法」のストラクチャーとは「AならばB」「AのためにはBする必要がある」という形である。

「条件」を表す形は他にもありますので、読みながら捉えていきましょう。

5 「逆説」のストラクチャー

最後に、一見矛盾しているように見えて、実は一面の真理を言い表しているという「逆説」について学びましょう。通常「A」が正しいときには、「Aでない」は誤りですね。例えば、「国立大では記述問題が出題される」が正しいときには、「国立大では記述問題は出題されない」と言うのは誤っています。これは「矛盾律」といって、「矛盾」する事柄が同時に成立することはないというルールによります。

ところが、文章の中では「休むと、かえって体調が悪くなる」や、「彼はバカであると同時に、天才でもある」など、一見すると矛盾しているようなことが述べられる場合があります。**現代文では文章に書いてあることは正しいというルールがある**ので、これは「矛盾」ではなく「逆説」と捉えましょう。

記述思考エレメント

「逆説」のストラクチャーとは「Aすると、かえってB」「Aと同時にB」という形である。

文章の中でこれらの構造を見つけたら、ストラクチャーを使って記述解答を構成しましょう。

実践問題6　次の文章を読んで設問に答えよ。

出題　千葉大学

　タンポポには大きく分けて二つのグループがある。一つはカントウタンポポやカンサイタンポポに代表される日本にもともとある在来タンポポ。もう一つはセイヨウタンポポやアカミタンポポなど明治以降に外国からやってきた外来タンポポである。在来のタンポポと外来のタンポポは花の下側にある総包片で簡単に見分けられる。外来タンポポは総包片が反り返るが、在来のタンポポは総包片が反り返らない。この違いから在来タンポポと外来タンポポの分布を調べるタンポポ調査が各地で行なわれている。

　在来タンポポと外来タンポポとは激しく勢力圏を争っている。俗に「タンポポ戦争」と呼ばれているほどだ。それでは、在来タンポポと外来タンポポ、両者の戦力分析をしてみよう。

　花の咲く時期はどうだろう。在来のタンポポは春しか花を咲かせることができないが、外来のタンポポは一年中いつでも花を咲かせることができる。何度でも花を咲かせ、種子を作ることが可能なのだ。

　種子の生産数はどうだろう。在来のタンポポは花も小さく種子の数も少ないのに比べると、外来のタンポポは花が大きく、生産される種子の数が多い。さらに外来タンポポのほうが、種子が小さく軽いのでより遠くまで飛ぶことができる。

　さらに外来タンポポはふつうの種子ではなく、クローン遺伝子によって種子を作る能力を身につけている。クローンで増えるということは、受粉する相手がいなくても一株あればどんどん増えることができることになる。これは新天地に勢力を拡大していくうえで、きわめて有利な性質だ。

　戦力分析の結果は、どれをとっても外来タンポポのほうが優勢である。

タンポポ調査を行なうと、一般に外来タンポポは都市部に多く、勢力を拡大している。一方の在来タンポポは郊外や田園部に見られ、その分布は減少しつつある。いかにも、外来タンポポが市街地を制圧し、追いやられた在来タンポポが郊外へと落ち延びているようにも見えるが、実はそうではない。そもそも在来タンポポと外来タンポポが戦っているという表現が正しくない。在来のタンポポを郊外へ押しやっている要因、それは人間による環境破壊が主なものなのである。

（稲垣栄洋（いながきひでひろ）『身近な雑草の愉快な生きかた』による）

問 傍線部について、二つのタンポポのそれぞれの特徴を表にまとめなさい。その際、分析の観点を四つ明示し、解答用紙の例文にならって説明すること。

観点	外来タンポポの特徴	在来タンポポの特徴
	（例文）種が小さく軽いので、遠くまで飛ぶ	／
		／

読解ストラクチャー

1 タンポポには大きく分けて二つのグループがある。一つはカントウタンポポやカンサイタンポポに代表される日本にもともとある在来タンポポ。もう一つはセイヨウタンポポやアカミタンポポなど明治以降に外国からやってきた外来タンポポである。在来のタンポポと外来のタンポポは花の下側にある総包片で簡単に見分けられる。外来タンポポは総包片が反り返るが、在来のタンポポは総包片が反り返らない。この違いから在来タンポポと外来タンポポの分布を調べるタンポポ調査が各地で行なわれている。

第一段落ではタンポポには2つのグループがあることが説明されています。「在来タンポポ」と「外来タンポポ」の違いを整理していきましょう。

この段落では「見分け方」が説明されているので、見た目の違いについて説明されていると分かります。ここで「違い」について整理しておきましょう。

見た目

「在来タンポポ」は総包片が反り返らない
のに対し、
「外来タンポポ」は総包片が反り返る

「差異」のストラクチャーを使うとすっきりと違いが整理できますね。

> 2 在来タンポポと外来タンポポとは激しく勢力圏を争っている。俗に「タンポポ戦争」と呼ばれているほどだ。それでは、在来タンポポと外来タンポポ、両者の戦力分析をしてみよう。

第二段落は「在来タンポポ」と「外来タンポポ」の戦力分析に話が展開します。この後でも「違い」が説明されるのではないかと考えながら読み進めていきましょう。

> 3 花の咲く時期はどうだろう。在来のタンポポは春しか花を咲かせることができないが、外来のタンポポは一年中いつでも花を咲かせることができる。何度でも花を咲かせ、種子を作ることが可能なのだ。

第三段落は「花の咲く時期」についての**違い**が説明されています。

花の咲く時期

「在来タンポポ」は春しか花を咲かせることができないのに対し、

「外来タンポポ」は一年中いつでも花を咲かせることができる

4 種子の生産数はどうだろう。在来のタンポポは花も小さく種子の数も少ないのに比べると、外来のタンポポは花が大きく、生産される種子の数が多い。さらに外来タンポポのほうが、種子が小さく軽いのでより遠くまで飛ぶことができる。

第四段落は「花の大きさと種子の生産数」についての**違い**が説明されています。ただし、「さらに」があり、「外来タンポポ」のほうが情報が多い点には注意してください。

花の大きさ、種子の生産数と性質

「在来タンポポ」は花も小さく種子の数も少ないのに対し、

「外来タンポポ」は花が大きく、生産される種子の数が多い

種子が小さく軽いのでより遠くまで飛ぶことができる

5 さらに外来タンポポはふつうの種子ではなく、クローン遺伝子によって種子を作る能力を身につけている。クローンで増えるということは、受粉する相手がいなくても一株あればどんどん増えることができることになる。これは新天地に勢力を拡大していくうえで、きわめて有利な性質だ。

第五段落は「外来タンポポ」の特徴が説明されています。ここでも「在来タンポポ」との**違い**を意識して読み取りましょう。

種子の作り方

「在来タンポポ」はふつうの種子なので
　受粉する相手が必要である
のに対し、
「外来タンポポ」はクローン遺伝子によって種子を作るので
　受粉する相手がいなくても一株あればどんどん増えることができる

6 戦力分析の結果は、どれをとっても外来タンポポのほうが優勢である。

第六段落で「戦力分析の結果」をまとめます。

全体像

見た目

「在来タンポポ」は総包片が反り返らない
のに対し、↔ 差異
「外来タンポポ」は総包片が反り返る

花の咲く時期

「在来タンポポ」は春しか花を咲かせることができない
のに対し、↔ 差異
「外来タンポポ」は一年中いつでも花を咲かせることができる

花の大きさ、種子の生産数と性質

「在来タンポポ」は花も小さく種子の数も少ない
のに対し、↔ 差異
「外来タンポポ」は花が大きく、生産される種子の数が多い
種子が小さく軽いのでより遠くまで飛ぶことができる

種子の作り方

「在来タンポポ」はふつうの種子なので
受粉する相手が必要である
のに対し、⇔ 差異
「外来タンポポ」はクローン遺伝子によって種子を作るので
受粉する相手がいなくても一株あればどんどん増えることができる

解法ストラクチャー

STEP① 傍線部を含む一文を分析する。［文構造→ポイント］

〈戦力分析の結果は〉、どれをとっても外来タンポポ**のほうが**（差異）優勢である。

まず、傍線部を含む一文の構造を分析すると、主部は「戦力分析の結果は」となっており、述部は「どれをとっても外来タンポポのほうが優勢である」であると分かります。「**のほうが**」が比較を表す言葉なので、「**差異**」を説明する問題だと分かります。

STEP② 解答の根拠を捉える。［周囲の文を見る］

1　タンポポには大きく分けて二つのグループがある。一つはカントウタンポポやカンサイタンポポに代表される日本にもともとある在来タンポポ。もう一つはセイヨウタンポポやアカミタンポポなど明治以降に外国からやってきた外来タンポポである。在来のタンポポと外来のタンポポは花の下側にある総包片で簡単に見分けられる。外来タンポポは総包片が反り返るが、在来のタンポポは総包片が反り返らない。この違いから在来タンポポと外来タンポポの分布を調べるタンポポ調査が各地で行なわれている。

2 在来タンポポと外来タンポポとは激しく勢力圏を争っている。俗に「タンポポ戦争」と呼ばれているほどだ。それでは、在来タンポポと外来タンポポ、両者の戦力分析をしてみよう。

3 花の咲く時期はどうだろう。在来のタンポポは春しか花を咲かせることができないが、外来のタンポポは一年中いつでも花を咲かせることができる。何度でも花を咲かせ、種子を作ることが可能なのだ。

4 種子の生産数はどうだろう。在来のタンポポは花も小さく種子の数も少ないのに比べると、外来のタンポポは花が大きく、生産される種子の数が多い。さらに外来タンポポのほうが、種子が小さく軽いのでより遠くまで飛ぶことができる。

5 さらに外来タンポポはふつうの種子ではなく、クローン遺伝子によって種子を作る能力を身につけている。クローンで増えるということは、受粉する相手がいなくても一株あればどんどん増えることができることになる。これは新天地に勢力を拡大していくうえで、きわめて有利な性質だ。

「差異」に注目してポイントをまとめましょう。在来タンポポと外来タンポポの「戦力分析」は第二段落以降から始まるので、第一段落の「見た目」の「差異」は解答しないようにしましょう。

STEP ③ 解答のポイントをまとめる。

花の咲く時期

「在来タンポポ」は春しか花を咲かせることができない

のに対し、⇔ 差異

「外来タンポポ」は一年中いつでも花を咲かせることができる

花の大きさ、種子の生産数と性質

「在来タンポポ」は花も小さく種子の数も少ない

のに対し ⇔ 差異

「外来タンポポ」は花が大きく、生産される種子の数が多い
　種子が小さく軽いのでより遠くまで飛ぶことができる

種子の作り方

「在来タンポポ」はふつうの種子なので
　受粉する相手が必要である

のに対し、⇔ 差異

「外来タンポポ」はクローン遺伝子によって種子を作るので
　受粉する相手がいなくても一株あればどんどん増えることができる

STEP④ 記述解答を書く。

観点…(右から)「花の咲く時期」、「花の大きさと種子の生産数」、「種子の性質」、「種子の作り方」

外来タンポポの特徴…(右から)「一年中いつでも何度でも花を咲かせることができる」、「花が大きく、生産される種子の数が多い」、「クローン遺伝子によって種子を作るので、一株あればどんどん増える」

在来タンポポの特徴…(右から)「春しか花を咲かせることができない」、「花が小さく、種子の数は少ない」

観点の1つ目は「花の咲く時期」です。「観点」も「特徴」も文章の通りに書くと良いでしょう。

観点の2つ目は「花の大きさと種子の生産数」です。こちらも文章にある通りに書くと良いでしょう。

観点の3つ目は「種子の性質」としました。「種子が小さく軽い」というところから、「性質」という言葉を導くと良いでしょう。

観点の4つ目は「種子の作り方」としました。「種子の増やし方」でも大丈夫です。「ふつうの種子」「クローン種子」という種子の違いにしてしまうと、第三の観点「種子の性質」との差別化ができないので、「作り方」とするようにしてください。

今回の問題は表に記入する形でしたが、これがふつうの（「なぜか」や「どういうことか」で問われ、字数指定に従って答える形の）記述解答欄になっても考え方は同じです。「差異」のストラクチャーに情報をはめ込んでいくだけで、記述解答になります。

解答例

観点	外来タンポポの特徴	在来タンポポの特徴
花の咲く時期	一年中いつでも何度でも花を咲かせることができる	春しか花を咲かせることができない
花の大きさ 種子の生産数	花が大きく、生産される種子の数が多い	花が小さく、種子の数は少ない
種子の性質	（例文）種が小さく軽いので、遠くまで飛ぶ	
種子の作り方	クローン遺伝子によって種子を作るので、一株あればどんどん増える	

記述思考エレメント

表に情報を当てはめるようにストラクチャーに情報を当てはめる。

実践問題7　次の文章を読んで、後の問いに答えよ。なお、設問の都合上、文章の一部を省略し、表記を改めたところがある。

出題　京都府立大学

　今日、海外旅行は大方の日本人にとって日常的な出来事となった。毎年、国民の一割を遥(はる)かに超える人々が、国境を超えての旅行を楽しんでいる。見知らぬ世界に足を踏み入れてしばしば驚かされるのが、日本人の常識が通用しない社会の存在である。わたしたちが当たり前と思っていることが、少しも当たり前ではない地域が世界のここかしこに実在しているのである。

　現代では空間を横に平行移動することによって、日本人の価値観や常識でははかりしれない世界に出会うことができるが、それは時空を垂直に移動した場合でも同様だった。時間を五〇〇年ほど遡ったとき、この列島上に近現代とはまったく異質な空間が浮かび上がってくる。一二世紀ごろに幕を開け、一五世紀まで続く中世といわれる時代である。

　中世のコスモロジーは、現代のそれとどのように異なるのであろうか。一言でいえば、民族や言語の違いを超えて、この世界が一つの超越的な存在に柔らかく包み込まれているという感覚の共有である。

　一つの例をあげよう。『今昔物語集』などに収録されて人口に膾炙(かいしゃ)したストーリーである。

　俗名を大江定基(おおえのさだもと)といった平安時代の僧・寂照(じゃくしょう)は、入宋巡礼の修行を思い立ち、首尾よく渡海を果たして、中国の清涼山の僧団の末席に連なることができた。

　ところが、ここで問題が起こる。この寺では斎会(さいえ)の時に、自分で席を立ってわざわざ食事を受け取りに行く人は誰もいなかった。代わりに、自分の鉢を飛ばして供養を受け取っているのである。

法会は進み、寂照の番が回ってきた。寂照は「飛鉢の法」など耳にしたことすらなかった。困り果てた寂照は、やむなく「本朝の神明・仏法」の加護を祈った。途端に鉢は勢いよく飛び上がり、どの鉢よりも早く供物を載せて戻ってきた……。

わたしはかつてこの説話を読んだとき、強い違和感にとらわれた。異国で恥をかきそうになった寂照を、「本朝の神明」＝日本の神々が助けてくれることは理解できる。しかし、日本人というだけで無条件に援助してくれる「本朝の仏法」＝日本の仏とは、いったいどのような存在なのであろうか。異国で困ったときに日本の仏に助けを乞うぐらいなら、最初から日本に留まって「本朝の仏法」を頼ればいいではないか。

（佐藤弘夫『「神国」日本　記紀から中世、そしてナショナリズムへ』による）

問　傍線部「それは時空を垂直に移動した場合でも同様だった」とはどういうことか。「時空を垂直に移動」することの内容がわかるように、説明せよ。

読解ストラクチャー

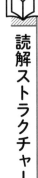

① 今日、海外旅行は大方の日本人にとって日常的な出来事となった。毎年、国民の一割を遥(はる)かに超える人々が、国境を超えての旅行を楽しんでいる。見知らぬ世界に足を踏み入れてしばしば驚かされるのが、日本人の常識が通用しない社会の存在である。わたしたちが当たり前と思っていることが、少しも当たり前ではない地域が世界のここかしこに実在しているのである。

第一段落では今日の日本人が海外旅行を日常的に行うようになったことを詳しく説明しています。「海外」では、日本人が当たり前と思っていることが、少しも当たり前ではないことに、筆者は驚いています。

② 現代では空間を横に平行移動することによって、日本人の価値観や常識ではかりしれない世界に出会うことができるが、それは時空を垂直に移動した場合でも同様だった。時間を五〇〇年ほど遡ったとき、この列島上に近現代とはまったく異質な空間が浮かび上がってくる。一二世紀ごろに幕を開け、一五世紀まで続く中世といわれる時代である。

第二段落では「平行移動」と「垂直移動」という比喩表現が登場します。「平行移動」とは第一段落にあった「海外旅行」のことです。同じ現代で異なる空間（地域）に移動することを「平行移動」と喩えているのです。

では、「垂直移動」とは何なのかというと、「時間を五〇〇年ほど遡ったとき、この列島上に近現代とはまったく異質な空間が浮かび上がってくる」とあることから、「過去に遡ること」であると分かります。とはいえ、タイムマシンがあるわけではないので、旅行するのではなく、過去の文献を読むということになるでしょう。

> **3** 中世のコスモロジーは、現代のそれとどのように異なるのであろうか。一言でいえば、民族や言語の違いを超えて、この世界が一つの超越的な存在に柔らかく包み込まれているという感覚の共有である。

第三段落は「中世」と「現代」との違いを説明しています。「場所」を移動しても、「時間」を遡っても、「現代日本」とは異なる常識があることが分かれば、ここまで読めたといえます。それでは「時間を遡る」とは具体的に何をすることなのでしょうか。次の段落へと読み進めていきましょう。

4 （例示）（一つの例をあげよう。『今昔物語集』などに収録されて人口に膾炙（かいしゃ）したストーリーである。

5 俗名を大江定基（おおえのさだもと）といった平安時代の僧・寂照（じゃくしょう）は、入宋巡礼の修行を思い立ち、首尾よく渡海を果たして、中国の清涼山の僧団の末席に連なることができた。

6 ところが、ここで問題が起こる。この寺では斎会（さいえ）の時に、自分で席を立ってわざわざ食事を受け取りに行く人は誰もいなかった。代わりに、自分の鉢を飛ばして供養を受け取っているのである。

7 法会は進み、寂照の番が回ってきた。寂照は「飛鉢（ひはつ）の法」など耳にしたことすらなかった。困り果てた寂照は、やむなく「本朝の神明・仏法」の加護を祈った。途端に鉢は勢いよく飛び上がり、どの鉢よりも早く供物を載せて戻ってきた……。）

第四段落から第七段落では「現代と中世の違い」を示す「具体例」として『今昔物語集』などに収録されて人口に膾炙（かいしゃ）したストーリー」が挙げられます。つまり、「時間を遡る」というのは、やはり「過去の文献を読む」ということだったのです。

8 わたしはかつてこの説話を読んだとき、強い違和感にとらわれた。異国で恥をかきそうになった寂照を、「本朝の神明」＝日本の神々が助けてくれることは理解できる。しかし、日本人というだけで無条件に援助してくれる「本朝の仏法」＝日本の仏とは、いったいどのような存在なのであろうか。異国で困ったときに日本の仏に助けを乞うぐらいなら、最初から日本に留まって「本朝の仏法」を頼ればいいではないか。

第八段落では過去のストーリーを読んだときに「強い違和感」にとらわれたとあります。つまり、中世の話を読むことで、現代日本人の価値観や常識ではかりしれない世界に出会うことができるということを示しています。

全体像

「平行移動」とは、同じ時代で異なる空間（地域）に移動すること
「垂直移動」とは、同じ空間（日本）の異なる時代の文献を読むこと

↓ 類似

現代日本人が当たり前と思っていることが、少しも当たり前ではないことに気がつく

↓ 具体例

『今昔物語集』などに収録されて人口に膾炙（かいしゃ）したストーリー

↓ まとめ

現代日本人の筆者は「強い違和感」にとらわれた

読解思考エレメント

「も」という副詞や「同様」という「類似」を表す表現があったら、何と何がどういう点で似ているのかを捉える。

解法ストラクチャー

STEP① 傍線部を含む一文を分析する。［文構造→ポイント］

現代では空間を横に平行移動することによって、日本人の価値観や常識でははかりしれない世界に出会うことができるが、

〈それは〉（指示語）時空を垂直に移動した場合でも同様（類似）だった。

まず、傍線部を含む一文の構造を分析すると、傍線部の主語は「それは」となっており、述部は「時空を垂直に移動した場合でも同様だった」となっています。

そして、主語に「指示語」、述部に「類似」の構造があります。まず、2つのもの（AとB）を捉えて、共通点（X）を捉えましょう。

STEP② 解答の根拠を捉える。［周囲の文を見る］

第一段落〜第八段落

1 今日、海外旅行は大方の日本人にとって日常的な出来事となった。毎年、国民の一割を遥かに超える人々が、国境を超えての旅行を楽しんでいる。見知らぬ世界に足を踏み入れてしばしば驚かされるのが、日本人の常識が通用しない社会の存在である。わたしたちが当たり前と思っていることが、少しも当たり前ではない地域が世界のここかしこに実在しているのである。

2 現代では空間を横に平行移動することによって、日本人の価値観や常識でははかりしれない世界に出会うことができるが、〈それは〉時空を垂直に移動した場合でも同様だった。時間を五〇〇年ほど遡ったとき、この列島上に近現代とはまったく異質な空間が浮かび上がってくる。一二世紀ごろに幕を開け、一五世紀まで続く中世といわれる時代である。

3 中世のコスモロジーは、現代のそれとどのように異なるのであろうか。一言でいえば、民族や言語の違いを超えて、この世界が一つの超越的な存在に柔らかく包み込まれているという感覚の共有である。

4 （具体例）一つの例をあげよう。『今昔物語集』などに収録されて人口に膾炙（かいしゃ）したストーリーである。

（中略）

8 わたしはかつてこの説話を読んだとき、強い違和感にとらわれた。

「平行移動」と「垂直移動」の共通点を捉えましょう。「平行移動」とは「国境を超えての旅行」つまり「同じ時代で異なる空間（地域）に移動すること」です。「垂直移動」とは「時間を遡ること」つまり「同じ空間（日本）の異なる時代の文献を読むこと」です。共通点は「時空を超えることで、自分たちの価値観や常識ではかりしれない世界に出会うことができる」という点ですね。

STEP③ 解答のポイントをまとめる。

A：「平行移動」＝同じ時代で異なる空間（地域）に移動すること
B：「垂直移動」＝同じ空間（日本）の異なる時代の文献を読むこと
← 類似
自分たちの価値観や常識ではかりしれない世界に出会うことができる

STEP④ 記述解答を書く。

解答例

「同じ空間の異なる時代の文献を読むことによって、同じ時代で異なる空間に移動することと同様に、自分たちの価値観や常識ではかりしれない世界に出会うことができるということ。」

別解

「日本の過去の文献を読むことによって、海外旅行に行くことと同様に、現代日本人の価値観や常識ではかりしれない世界に出会うことができるということ。」

採点ポイント

1 同じ空間の異なる時代の文献を読むこと（3点）
2 同じ時代で異なる空間に移動すること（3点）
3 自分たちの価値観や常識ではかりしれない世界に出会うことができる（3点）
4 「BもAと同様にXだ」の構造にする（1点）

「類似」の説明は「A」「B」「X」の3点がポイントとなります。特に「X」は「A」「B」ともに当てはまる説明になるように注意してください。

別解のほうは「日本」「海外旅行」というようにより具体的に説明してあります。今回の文章は「日本人にとって」という部分がずっと続いているので、このような解答でも大丈夫です。

採点例

「時間を五〇〇年ほど遡ったとき、この列島上に近現代とはまったく異質な空間が浮かび上がってくるということ。」（0点）

直後の文をそのまま解答した場合ですが、これでは「類似」の説明になりません。また、「時間を五〇〇年ほど遡ったとき」はタイムマシンに乗ったかのような表現とも取れますので、「過去の文献を読む」というようにしなければいけません。さらに「この列島上に近現代とはまったく異質な空間が浮かび上がってくる」は「海外旅行」に当てはまらないため、こちらも共通点の説明としては不適格です。

実践問題8

次の文章をよく読んで、あとの問いに答えなさい。

出題 琉球大学

　スーパーモダンとポストモダンの二つのベクトルを有する今日のグローバリゼーションの時代にあっては、国家を否定することなく、かといって国家に拘泥するのではなく、マクロとミクロのアクターを含めた、より重層的なガバナンス（統治）が求められている。国家を頂点とするピラミッド型のガバナンスではなく、よりネットワーク型のガバナンスと言っても良い。それによってグローバリゼーションに伴うリスクを分散しやすくなる。必ずしもナショナリズムを否定する必要はない。ただし、それは強制するものではなく、グローバルやリージョナル、あるいはローカルやコミュナルな次元に開かれた郷土愛である必要がある。

　同様に、例えば、日本の言語政策を考えた場合、ナショナル言語としての日本語が重要であることは多言を要しない（自国の言語で高等教育や研究・発表を行なえることは世界的には決して当たり前のことではない）。その一方、グローバル言語（事実上のリンガフランカ＝国際共通語）である英語に堪能な人材、リージョナル言語としてのフランス語やスペイン語、アラビア語などを駆使できる人材、そしてベトナム語やペルシャ語など、よりローカルな言語を扱える人材をそれぞれ育成する必要がある。同時に、日本国内の少数言語や方言などを保護・継承する努力や障害者のための手話や点字を普及させる努力も欠かせない。確かに言語はコミュニケーションのための道具ではあるが、道具としてのみ捉えるのはあまりに皮相的だろう。そこには長い歳月をかけて培われてきた多様な知識や価値観が埋め込まれているからだ。世界が一つの言語の世界観に収斂（しゅうれん）されることは、短期的には利便性や効率性に優れているように見えるが、長期的には——生物多様性をめぐる問題同様——均質性ゆえの脆弱（ぜいじゃく）さとリスクを伴う。

　同じことは、歴史教育についても言える。ナショナル・ヒストリー（一国史、あるいは国家単位で語られる世界史）を否定する必要はないが、それだけを考えていれば良い時代ではない。マルチナショナル・ヒストリー（隣国との共通歴史）やグローバル・ヒストリー（国家区分に囚われないトランスナショナルな視点から描き出した世界史）、あるいは郷土史などへ誘う努力もまた欠かせない。

とりわけ日本では、明治維新以降、中央集権化による急速な国民国家形成や近代化（西欧化）が推し進められたこともあり、ローカルな文化――方言や民俗芸能、祭礼、伝統工芸、郷土料理など――が蔑ろにされてきた経緯がある。地理地形から文化財、食に至るまで、地域資源にまつわる理解共有の基盤として郷土史教育の充実が求められる。その意味で、「水俣学」や「東北学」など「地元学」の試みは意義深い。

言語や歴史のみならず、グローバル／リージョナル／ナショナル／ローカル／コミュナルという重層的な位相を踏まえながら文化について考える必要がある。往々にして、私たちはいずれか一つの層のみに専心しがちである。「グローバルに考え、ローカルに行動せよ（Think globally, act locally）」とは有名なフレーズだが、それは必要条件であっても十分条件ではない。ローカルに考え、グローバルに行動することもまた大切である。

（渡辺靖『〈文化〉を捉え直す』による）

問　傍線部「『グローバルに考え、ローカルに行動せよ（Think globally, act locally）』とは有名なフレーズだが、それは必要条件であっても十分条件ではない。」とあるが、なぜか、説明しなさい。

読解ストラクチャー

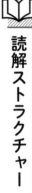

1 スーパーモダンとポストモダンの二つのベクトルを有する今日のグローバリゼーションの時代にあっては、国家を否定することなく、かといって国家に拘泥するのではなく、マクロとミクロのファクターを含めた、より重層的なガバナンス（統治）が求められている。国家を頂点とするピラミッド型のガバナンスではなく、よりネットワーク型のガバナンスと言っても良い。それによってグローバリゼーションに伴うリスクを分散しやすくなる。必ずしもナショナリズムを否定する必要はない。ただし、それは強制するものではなく、グローバルやリージョナル、あるいはローカルやコミュナルな次元に開かれた郷土愛である必要がある。

第一段落では「グローバリゼーションの時代」に求められる「ガバナンス（統治）」について説明されます。ここにも「AにはBが求められる」「AにはBが必要である」という形で、「グローバリゼーションの時代」に求められる「条件」が説明されていることに注意してください。グローバリゼーションの時代にあっては、「グローバル」と「ローカル」つまり、「マクロ」と「ミクロ」の両方の視点に立った「統治」をする必要があるのです。

2 同様に、（例示）（例えば、日本の言語政策を考えた場合、ナショナル言語としての日本語が重要であることは多言を要しない（自国の言語で高等教育や研究・発表を行なえることは世界的には決して当たり前のことではない）。その一方、グローバル言語（事実上のリンガフランカ＝国際共通語）である英語に堪能な人材、リージョナル言語としてのフランス語やスペイン語、アラビア語などを駆使できる人材、そしてベトナム語やペルシャ語など、よりローカルな言語を扱える人材をそれぞれ育成する必要がある。同時に、日本国内の少数言語や方言などを保護・継承する努力や障害者のための手話や点字を普及させる努力も欠かせない。）（譲歩）（確かに言語はコミュニケーションのための道具ではあるが）、道具としてのみ捉えるのはあまりに皮相的だろう。（根拠）（そこには長い歳月をかけて培われてきた多様な知識や価値観が埋め込まれているからだ。）世界が一つの言語の世界観に収斂されることは、短期的には利便性や効率性に優れているように見えるが、長期的には――生物多様性をめぐる問題同様――均質性ゆえの脆弱さとリスクを伴う。

第二段落では「言語政策」について説明されています。これも先ほどの「統治」と同様に「ナショナル言語」と「グローバル言語」、さらには「ローカルな言語」や「方言」など、さまざまな「言語」が重要だと説明されます。言語は一つのほうが便利だと考える人も多いと思いますが、長期的に見ると言語も多様であるほうが良いと述べられています。

第1講 内容説明問題
第2講 理由説明問題
第3講 記述解答
第4講 解答の根拠
第5講 心情把握問題
第6講 要約問題
第7講 全体把握問題

3 同じことは、歴史教育についても言える。ナショナル・ヒストリー（一国史、あるいは国家単位で語られる世界史）を否定する必要はないが、それだけを考えていれば良い時代ではない。マルチナショナル・ヒストリー（隣国との共通歴史）やグローバル・ヒストリー（国家区分に囚（とら）われないトランスナショナルな視点から描き出した世界史）、あるいは郷土史などへ誘（いざな）う努力もまた欠かせない。

第三段落は「歴史教育」について説明されます。こちらも「統治」や「言語政策」と同様に「ナショナル・ヒストリー」と「マルチナショナル・ヒストリー」「グローバル・ヒストリー」、さらには「郷土史」など、さまざまな歴史が必要だと述べられています。

4 （例示）とりわけ日本では、明治維新以降、中央集権化による急速な国民国家形成や近代化（西欧化）が推し進められたこともあり、ローカルな文化——方言や民俗芸能、祭礼、伝統工芸、郷土料理など——が蔑（ないがし）ろにされてきた経緯がある。地理地形から文化財、食に至るまで、地域資源にまつわる理解共有の基盤として郷土史教育の充実が求められる。その意味で、「水俣学」や「東北学」など「地元学」の試みは意義深い。）

第四段落では「日本」の状況について説明されます。日本では「ローカルな文化」が蔑ろにされてきたが、「郷土史教育」が必要だと述べられます。グローバリゼーションの時代には「グローバル」と「ローカル」の両方が必要なのです。

> 5 言語や歴史**のみならず**、グローバル／リージョナル／ナショナル／ローカル／コミュナルという重層的な位相を踏まえながら文化について考える**必要**がある。往々にして、私たちはいずれか一つの層のみに専心しがちである。「グローバルに考え、ローカルに行動せよ（Think globally, act locally）」とは有名なフレーズだが、それは必要条件であっても十分条件ではない。ローカルに考え、グローバルに行動すること**もまた大切**である。

第五段落ではこれまで説明してきた「言語」「歴史」のみならず、「文化」に関して「グローバル／リージョナル／ナショナル／ローカル／コミュナルという重層的な位相を踏まえながら考える必要がある」とまとめられます。今までの段落のまとめの働きをしていると考えましょう。

ちなみに、各語はそれぞれ次の意味です。

・グローバル＝地球規模の
・リージョナル＝地域の
・ナショナル＝国家の
・ローカル＝地方の

・コミュナル＝共同体の

全体像

「グローバリゼーション」の世界で必要な条件

・グローバル
・リージョナル
・ナショナル
・ローカル
・コミュナル

⬅ 重層的な位相を踏まえながら文化について考える

読解思考エレメント

「必要」「重要」「大切」などの「条件法」を表す表現があったら、「何のために」「何の条件」が必要なのかを捉える。

解法ストラクチャー

STEP① 傍線部を含む一文を分析する。［文構造→ポイント］

〈「グローバルに考え、ローカルに行動せよ（Think globally, act locally）」とは〉有名なフレーズだが、〈それは〉必要条件であっても十分条件ではない。

（A前提：グローバルに考え → X帰結：ローカルに行動せよ）

傍線部の一文の構造を分析すると、主語が「それは」、述部が「十分条件ではない」となっています。「それ」と「十分条件ではない」との間の「飛躍」を埋める説明を求めましょう。

STEP② 解答の根拠を捉える。［周囲の文を見る］

5 言語や歴史のみならず、グローバル／リージョナル／ナショナル／ローカル／コミュナルという重層的な位相を踏まえながら文化について考える必要がある。往々にして、私たちはいずれか一つの層のみに専心しがちである。〈「グローバルに考え、ローカルに行動せよ（Think globally, act locally）」とは〉有名なフレーズだが、〈それは〉必要条件であっても十分条件ではない。ローカルに考え、グローバルに行動することもまた大切である。

「それ」はA「グローバルに考え、ローカルに行動せよ」というフレーズを指しています。そして、これだけでは十分条件でないとあるので、これに加えて、さらに条件があるのではないかと考えます。すると、B「ローカルに考え、グローバルに行動することもまた大切である」とあるので、この「AかつB」で必要十分条件になると分かれば、「グローバルに考え、ローカルに行動せよ」だけでは十分条件でないということが説明できます。

また、「条件」を説明するときには「〜が必要」だけではだめです。「AのためにBが必要だ」のように「〜のために」という部分がないと「ある事柄が成立するための条件」とはなりません。記述解答を書くときはその点に十分注意してください。今回は「グローバリゼーションの世界」で生きるためにA「グローバルに考え、ローカルに行動する」と同時に、B「ローカルに考え、グローバルに行動する」ことが必要なのです。

記述思考エレメント

「条件」を説明するときは「何のために」「何の条件が必要か」を明記する。

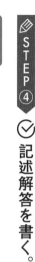

STEP③ 解答のポイントをまとめる。

①「グローバリゼーションの時代」に生きるために
②A：「グローバルに考え、ローカルに行動する」
③B：「ローカルに考え、グローバルに行動する」
④～のためにはAだけでなく、Bも必要だから

STEP④ 記述解答を書く。

解答例

グローバリゼーションの時代に生きるためには、『グローバルに考え、ローカルに行動する』だけでなく、『ローカルに考え、グローバルに行動する』ことも必要であるから。

採点ポイント

1 グローバリゼーションの時代に生きるためには（4点）
2「グローバルに考え、ローカルに行動する」（2点）
3「ローカルに考え、グローバルに行動する」（2点）
4 ～のためにはAだけでなく、Bも必要だから（2点）

採点例
「グローバルに考え、ローカルに行動する」だけでなく、「ローカルに考え、グローバルに行動する」ことも必要であるから。（6点）

この答案は一見すると良さそうに見えますが、「〜のためには」が抜けているので、何が成立するための「条件」を説明しているのかがわかりません。ですから、あまり高得点は望めません。

第 4 講

「解答の根拠」の ストラクチャー

第4講 「解答の根拠」のストラクチャー

講義

今回は解答の根拠の捉え方について深掘りしていきましょう。

1 同じ構造の文を見つける

基本的には第1講で見てきたように「**同値関係**」「**対立関係**」「**因果関係**」「**包摂関係**」といった関係がある文を探すのですが、「**傍線部の構造と同じ構造の文を探す**」ことで確実に根拠を見つけることができます。例えば、傍線部が「AではなくB」や「Aすると、B」などの構造になっていたら、似たような構造の文が解答の根拠になることが多いです。ですから、傍線部を含む一文の構造を捉えて似た構造の文を探すことで、解答の根拠を捉えることができます。

記述思考エレメント

傍線部と似た構造の文を探すことで、解答の根拠を捉えやすくする。

2 根拠を探す際に気をつけたい「包摂関係」について

解答の根拠を捉えようとしたときに、傍線部が「抽象」、解答の根拠が「具体」になっているときは注意してください。傍線部が「抽象」のときに「具体例」を解答すると誤りとなります。というのも、「具体」と「抽象」はイコールではないからです。

例えば、「生物」と「イヌ」という言葉があったとします。「生物」は抽象、「イヌ」は具体となりますが、決してイコールではありません。

確かに、「イヌは生物である」とは言えます。この表現を見ると、イコールのように思えるかもしれません。もしイコールならば、反対にしても良いはずです。しかし、「生物はイヌである」は明らかにおかしいと分かります。「生物」は「イヌ」以外にも「ネコ」や「ネズミ」も含むからです。

このように「具体」と「抽象」はイコールではないということが分かれば、傍線部が「抽象」のときに「具体例」を解答してはいけないということも分かると思います。

このような場合には**「具体例」を自分の言葉で「一般化」する必要があります**ので、そのことも覚えておきましょう。

記述思考エレメント

傍線部が「抽象」的な表現で、解答の根拠が「具体例」であった場合は、自分の言葉で一般化する。

実践問題9 次の文章を読んで、後の問に答えよ。

出題 法政大学

一般に平等は自由と並ぶ重要な価値だと考えられている。しかし、平等が重要であるという平等主義は、実は反直観的な帰結をもたらすとして批判されている。

ここでは、AとBの2人からなる社会を考えよう。それぞれの所得を（Aの所得、Bの所得）という形で表す。次の二つの社会状態を考えてみよう。

（1）（10、5）

（2）（7、7）

（1）は格差がある社会であり、（2）は平等な社会である。社会の総所得は（1）の方が多いが、平等が重要であるという考え方からすると、（1）よりも（2）のほうが正しい社会である。

ここで、第三の社会状態を考えてみよう。

（3）（5、5）

（1）と（3）はどちらが正しい社会だろうか。平等が重要であるという考え方からすると、格差のある（1）よりも平等な（3）のほうが正しい社会だということになる。しかしながら、（3）は、（1）と比べてBの所得は全く変化なく、Aの所得を10から5へ低下させただけの社会である。

要するに、平等が重要だというと、持たざる者に与えることだと思われがちだが、実際には持てる者から奪うことまでも正当化されてしまう。例えば、自然災害によって豊かな人に経済的損失が生じることで平等に近づくことは、それ自体よいことだということになってしまう。このような平等主義に対する批判は、水準低下批判と呼ばれる。すべての人の状態が同じであるという意味で平等であることはそれ自体よいことであるという主張（目的論的平等主義と呼ばれる）は、水準低下批判を招いてしまう。

（瀧川裕英（たきかわひろひで）『法哲学』による）

問　二重傍線部「平等が重要であるという平等主義は、実は反直観的な帰結をもたらすとして批判されている」とあるが、どういうことか。つぎの形式にしたがって、三十字以上、四十字以内でまとめ、解答欄に記せ。ただし、句読点や記号も一字と数える。

［　　　　　　　　　　］という批判を受けているということ。

読解ストラクチャー

①（譲歩）（一般に平等は自由と並ぶ重要な価値だと考えられている。）しかし、平等が重要であるという平等主義は、実は反直観的な帰結をもたらすとして批判されている。

第一段落は「平等が重要である」という平等主義が、実は反直観的な帰結をもたらすとして批判されているという主張が述べられています。「反直観的な帰結」とは何なのかと考えながら読み進めていきましょう。

②（具体例）（ここでは、AとBの2人からなる社会を考えよう。それぞれの所得を（Aの所得、Bの所得）という形で表す。次の二つの社会状態を考えてみよう。

（1）（10、5）

（2）（7、7）

③（1）は格差がある社会であり、（2）は平等な社会である。社会の総所得は（1）の方が多いが、平等が重要であるという考え方からすると、（1）よりも（2）のほうが正しい社会である。

4 ここで、第三の社会状態を考えてみよう。

（3）（5、5）

5 （1）と（3）はどちらが正しい社会だろうか。平等が重要であるという考え方からすると、格差のある（1）よりも平等な（3）のほうが正しい社会だということになる。しかしながら、（3）は、（1）と比べてBの所得は全く変化なく、Aの所得を10から5へ低下させただけの社会である。）

第二段落から第五段落までは「平等主義がもたらす帰結」の具体例が挙げられています。こちらの具体例をまとめた内容が次に来るので、「反直観的な帰結」が明らかになるだろうと考えながら読んでいきましょう。

6 要するに、平等が重要だということ、持たざる者に与えることだと思われがちだが、実際には持てる者から奪うことまでも正当化されてしまう。（具体例 例えば、自然災害によって豊かな人に経済的損失が生じることで平等に近づくことは、それ自体よいことだということになってしまう。）このような平等主義に対する批判は、水準低下批判と呼ばれる。すべての人の状態が同じであるという意味で平等であることはそれ自体よいことであるという主張（目的論的平等主義と呼ばれる）は、水準低下批判を招いてしまう。

第六段落では「反直観的な帰結」が「実際には持てる者から奪うことまでも正当化されてしまう」というものだと分かれば、読めたことになります。このような目的論的平等主義に対する批判は「水準低下批判」と呼ばれます。

全体像

一般論

平等は自由と並ぶ重要な価値だ

↔ 対立関係（反論）

筆者の主張

平等が重要であるという平等主義は、実は反直観的な帰結をもたらすとして批判されている

平等であることはそれ自体よいことであるという主張（目的論的平等主義）

← 帰結

持てる者から奪うことまでも正当化されてしまう

↔ 対立関係（反論）

水準低下批判

解法ストラクチャー

STEP① 傍線部を含む一文を分析する。［文構造→ポイント］

しかし、〈平等が重要であるという平等主義は〉、実は反直観的な帰結をもたらすとして批判されている。

個人言語

傍線部を含む一文の構造を分析すると、主部が「平等が重要であるという平等主義は」となっており、述部が「実は反直観的な帰結をもたらすとして批判されている」となっています。「反直観的な帰結」が個人言語となっているので、その説明を求めましょう。

STEP② 解答の根拠を捉える。［周囲の文を見る］

1 一般に平等は自由と並ぶ重要な価値だと考えられている。しかし、〈平等が重要であるという平等主義は〉、実は反直観的な帰結をもたらすとして批判されている。

（中略）

6 要するに、平等が重要だというと、持たざる者に与えることだと思われがちだが、実際には持てる者から奪うことまでも正当化されてしまう。（具体例 例えば、自然災害によって豊かな人に経済的損失が生じることで平等に近づくことは、それ自体よいことだということになってしまう。）このような平等主義に対する批判は、水準低下批判と呼ばれる。すべての人の状態が同じであるという意味で平等であることはそれ自体よいことであるという主張（目的論的平等主義と呼ばれる）は、水準低下批判を招いてしまう。

「平等主義」は「すべての人の状態が同じであるという意味で平等であることはそれ自体よいことであるという主張」とあります。

「反直観的な帰結」とは「直観的な帰結」と対比させて捉えましょう。先程捉えたように「平等主義」は一般的にはよい考え方だと思われています。なぜなら、「持たざる者に与えることだ」と思われているからです。こちらが「直観的な帰結」です。ところが、実際には「持てる者から奪うことまでも正当化されてしまう」という「悪い」考え方でもあり、「よい」という直観とは反対なので、「反直観的な帰結」だということになります。ただし、「持てる者から奪う」や「豊かな人に経済的損失が生じる」は具体例なので、「水準低下批判」という言葉をヒントにして、「低水準に合わせる」と「一般化」しましょう。

STEP③ 解答のポイントをまとめる。

「平等主義」＝すべての人が同じ状態であることをよしとする
「反直観的帰結」＝低水準に合わせることもよしとする

STEP④ 記述解答を書く。

解答例
「すべての人が同じ状態であることをよしとするため、低水準に合わせることもよしとする」という批判を受けているということ。

採点ポイント

[1] すべての人が同じ状態であることをよしとする（4点）←「平等主義」

[2] 低水準に合わせることもよしとする（4点）←「反直観的帰結」

[3] 「[1]のため[2]」という構造（2点）←「帰結」

採点例

「平等が重要だという目的論的平等主義により、豊かな人に経済的損失が生じる」という批判を受けているということ。（4点）

この答案は一見するとよさそうに見えますが、「目的論的平等主義」という言葉の意味が不明確です。また、「豊かな人に経済的損失が生じる」は具体例の中にある表現なので、こちらも減点の対象になります。

実践問題10　次の文章を読んで、後の問に答えよ。

出題　京都大学

現実は残酷です。今日の若い世代に、古典芸術についてたずねてみてごらんなさい。*コーリンとか、タンニュー、トーハク、なんて言ったら、新薬の名前かなんかと勘ちがいすること、うけあい。そうしてダ・ヴィンチやミケランジェロならご存じだということになると、どっちがこれからの世代に受けつがれる伝統だか分からなくなってきます。

さらに一例。――やや古い話ですが、法隆寺金堂の失火で、壁画を焼失したのは昭和二十四年のことです。この年、某新聞社の十大ニュースの世論調査では、第一位が*古橋（ふるはし）の世界記録、二位が*湯川秀樹（ゆかわひでき）のノーベル賞、以下、*三鷹事件、下山事件などの後に、あれだけさわがれた法隆寺の壁画焼失という、わが国文化史上の痛恨事は、はるかしっぽのほうの第九位に、やっとすべりこんでいた。これは有名な事実です。法隆寺は火災によってかえってポピュラーになりました。以前には、*大仏殿の年間のあがりが十とすると、法隆寺は一、古美術の名作をゆたかに持っている寺でも、薬師寺とか唐招提寺などになると、〇・一という比例だったと聞きました。それが金堂が焼け、壁画が見られなくなった、と聞いたとたん、法隆寺の見物人が急に四倍にふえたということです。

伝統主義者たちの口ぶりは目に見えるようです。「俗物どもは」――「近頃の若いやつらは」――「現代の頽廃（たいはい）」――などと時代を呪い、教養の低下を慨嘆するでしょう。

だが嘆いたって、はじまらないのです。今さら焼けてしまったことを嘆いたり、それをみんなが嘆かないってことをまた嘆いたりするよりも、もっと緊急で、本質的な問題があるはずです。

自分が法隆寺になればよいのです。失われたものが大きいなら、ならばこそ、それを十分に穴埋めすることはもちろん、その悔いと空虚を逆の力に作用させて、それよりもっとすぐれたものを作る。そう決意すればなんでもない。そしてそれを伝統におしあげたらよいのです。

（岡本太郎『日本の伝統』による）

注（＊）

コーリンとか、タンニュー、トーハク＝尾形光琳、狩野探幽、長谷川等伯。桃山時代〜江戸時代中期に活躍した画家。

古橋＝古橋広之進。第二次世界大戦後、自由形の世界記録を次々と打ち立てた水泳選手。

三鷹事件、下山事件＝いずれも昭和二十四年に国鉄（現ＪＲ）で起こった事件。

大仏殿＝大仏を安置した殿堂。ここは奈良東大寺の大仏殿。

問　傍線部はどういうことか、説明せよ。

読解ストラクチャー

> 1 現実は残酷です。今日の若い世代に、古典芸術についてたずねてみてごらんなさい。

第一段落は「今日の若い世代」が古典芸術をどのように捉えているのかという問題提起から始まります。

> 2 具体例（コーリン**とか**、タンニュー、トーハク）、なんて言ったら、新薬の名前かなんかと勘ちがいすること、うけあい。**そうして**具体例（ダ・ヴィンチやミケランジェロ）ならご存じだということになると、どっちがこれからの世代に受けつがれる伝統だか分からなくなってきます。

第二段落は「コーリンとか、タンニュー、トーハク」という言葉が並びます。カタカナ表記されてしまうとなんだかよく分からないと思います。筆者は若い世代は「新薬の名前」かなんかと勘ちがいすると述べています。そこで、注を見ると、「尾形光琳、狩野探幽、長谷川等伯」とあるので、日本の古典芸術家だなと分かります。ところが「ダ・ヴィンチやミケランジェロ」はどうでしょうか？　こちらは西洋の古典芸術だと分かるのではないでしょうか。

明らかに日本の古典芸術家よりも西洋の古典芸術家のほうが、若い世代に知られているので、「どっちがこれからの世代に受けつがれる伝統だか分からなくなってきます」と筆者は述べます。

3　具体例（さらに一例。——やや古い話ですが、法隆寺金堂の失火で、壁画を焼失したのは昭和二十四年のことです。この年、某新聞社の十大ニュースの世論調査では、第一位が古橋（ふるはし）の世界記録、二位が湯川秀樹（ゆかわひでき）のノーベル賞、以下、三鷹事件、下山事件などの後に、あれだけさわがれた法隆寺の壁画焼失という、わが国文化史上の痛恨事は、はるかしっぽのほうの第九位に、やっとすべりこんでいた。これは有名な事実です。法隆寺は火災によってかえってポピュラーになりました。以前には、大仏殿の年間のあがりが十とすると、法隆寺は一、古美術の名作をゆたかに持っている寺でも、薬師寺とか唐招提寺などになると、〇・一という比例だったと聞きました。それが金堂が焼け、壁画が見られなくなった、と聞いたとたん、法隆寺の見物人が急に四倍にふえたということです。）

第三段落は「さらに一例」とあることから、前の段落の例に付け加えていると分かります。「法隆寺金堂の壁画」を例に出して、人々が関心を持っていなかったことが挙げられます。こちらも「日本の古典芸術」に対する若い世代の無関心について説明している「具体例」と考えましょう。

4 伝統主義者たちの口ぶりは目に見えるようです。「俗物どもは」――「近頃の若いやつらは」――「現代の頽廃（たいはい）」――などと時代を呪い、教養の低下を慨嘆するでしょう。

第四段落は今までの**「具体例」を受けて、伝統主義者たちの意見を予想**します。筆者自身はどう考えているだろうかと考えながら読み進めてください。

5 だが嘆いたって、はじまらないのです。今さら焼けてしまったことを嘆いたり、それをみんなが嘆かないってことをまた嘆いたりするよりも、もっと緊急で、本質的な問題があるはずです。

筆者自身は「嘆いてもはじまらない」と伝統主義者の意見を一蹴します。それよりももっと本質的な問題があるはずだと述べます。ここから筆者の主張がくるのではないかと考えながら読んでいきましょう。

⑥ 自分が法隆寺になればよいのです。失われたものが大きいなら、ならばこそ、それを十分に穴埋めすることはもちろん、その悔いと空虚を逆の力に作用させて、それよりもっとすぐれたものを作る。そう決意すればなんでもない。そしてそれを伝統におしあげたらよいのです。

筆者は「自分が法隆寺になればよい」と主張しています。これは比喩表現で「自分がもっと優れたものを作って、それを伝統におしあげたらよい」と考えています。

全体像

今日の若い世代は日本の古典芸術に関心がない

↑

伝統主義者

時代を呪い、教養の低下を慨嘆する

↔ 対立関係（反論）

筆者の主張

自分がもっと優れた芸術を作って、それを伝統におしあげる

解法ストラクチャー

STEP① 傍線部を含む一文を分析する。[文構造→ポイント]

そうして（具体例）（ダ・ヴィンチやミケランジェロ）ならご存じだということになると、〈（指示語）どっちがこれからの世代に受けつがれる伝統だか〉分からなくなってきます。

まず、傍線部を含む一文の構造を分析すると、傍線部の主部は「どっちがこれからの世代に受けつがれる伝統だか」となっており、述部は「分からなくなってきます」となっています。

そして、主部に「どっち」という「指示語」が使われているので、その指示内容を求めましょう。

STEP② 解答の根拠を捉える。［周囲の文を見る］

第一段落～第六段落

1 現実は残酷です。今日の若い世代に、古典芸術についてたずねてみてごらんなさい。

2 （具体例 コーリンとか、タンニュー、トーハク）、なんて言ったら、新薬の名前かなんかと勘ちがいすること、うけあい。そうして（具体例 ダ・ヴィンチやミケランジェロ）ならご存じだということになると、〈どっちが〉これからの世代に受けつがれる伝統だか分からなくなってきます。

（中略）

6 自分が法隆寺になればよいのです。失われたものが大きいなら、ならばこそ、それを十分に穴埋めすることはもちろん、その悔いと空虚を逆の力に作用させて、それよりもっとすぐれたものを作る。そう決意すればなんでもない。そしてそれを伝統におしあげたらよいのです。

「どっち」とは「コーリンとか、タンニュー、トーハク」か「ダ・ヴィンチやミケランジェロ」かを指していると分かります。

ただし、「コーリンとか、タンニュー、トーハク」や「ダ・ヴィンチやミケランジェロ」は「具体例」なので、そのまま解答に書くことはできません。この場合は「一般化」する必要があります。そして、難関大では「一般化」した表現が本文になく、自分の言葉で一般化する必要がある場合もあります。

記述思考エレメント

答えたい内容が文章中では「具体例」しかない場合は、自分の言葉で「一般化」する必要がある。

「コーリンとか、タンニュー、トーハク」は「日本の古典芸術家の名前」、「ダ・ヴィンチやミケランジェロ」は「西洋の古典芸術家の名前」というようにまとめると良いでしょう。

また、「どっち」を「日本の古典芸術」か「西洋の古典芸術」かどっちかという意味で捉えると、「どっちが伝統だか分からない」というのはどういう意味（主張）になるのでしょうか。「日本の古典芸術」は若い世代に認知されていないということが前提です。だったら、「西洋の古典芸術」が日本の「伝統」になるのかと言ったら、日本の「伝統」にはならないでしょう。だとすると、「どっちがこれからの世代に受けつがれる伝統だか分からなくなってきます」というのはつまり、日本の「伝統」がなくなってしまうのではないかという主張だと読み取りましょう。

STEP ③ **解答のポイントをまとめる。**

・若い世代は日本の古典芸術家の名前は知らず、西洋の古典芸術家の名前なら知っている
・日本の古典芸術が日本の伝統としてこれからの世代に受けつがれることなく忘れられるのではないか

STEP④ 記述解答を書く。

解答例

若い世代は日本の古典芸術家の名前は知らず、西洋の古典芸術家の名前なら知っているという事実からすると、日本の古典芸術が日本の伝統としてこれからの世代に受けつがれることなく忘れられるのではないかという疑念が生じるということ。

採点ポイント

1 若い世代は日本の古典芸術家の名前は知らず（3点）
2 西洋の古典芸術家の名前なら知っている（3点）
3 日本の古典芸術が日本の伝統としてこれからの世代に受けつがれることなく忘れられるのではないかという疑念が生じる（4点）

採点例

若い世代はコーリンとか、タンニュー、トーハクは知らず、ダ・ヴィンチやミケランジェロなら知っているという事実からすると、日本の古典芸術が日本の伝統としてこれからの世代に受けつがれることなく忘れられるのではないかという疑念が生じるということ。（4点）

この解答は具体例を一般化できていないため、その部分の点数が入りません。難関大では特に気をつけましょう。

採点例

若い世代は日本の古典芸術家の名前は知らず、西洋の古典芸術家の名前なら知っているという事実からすると、日本の古典芸術か西洋の古典芸術か、どちらが日本の伝統としてこれからの世代に受けつがれるのか分からなくなるということ。（6点）

「日本の古典芸術か西洋の古典芸術か」分からないと字面通り受け取ってしまうと、この部分の点数は入りません。「西洋の古典芸術」が「日本の伝統」になることはあり得ないという暗黙の前提から「日本の古典芸術」も「西洋の古典芸術」も「日本の伝統」にはならない、つまり、日本の伝統が忘れられると考えるようにしましょう。

記述思考エレメント

難関大の問題では常識をもとにした「暗黙の前提」から解答を導くこともある。

実践問題11 次の文章は、現代世界ではグローバリズムの生み出す秩序が帝国のように国民国家に力を及ぼし、その結果として生権力と規律訓練とが並存していることについて論じています。これを読んで後の問いに答えなさい。

出題 大阪大学

規律訓練と生権力は、フランス系現代思想で使われる権力の二類型である。おおざっぱに説明すれば、規律訓練のほうは、権力者があしろこうしろと命令し、懲罰を与えることで対象者を動かす権力を指す言葉である。懲罰があるので規律訓練と呼ばれる。他方で生権力のほうは、あくまでも対象者の自由意志を尊重しながらも、規則を変えたり価格を変えたり環境を変えたりすることで、結果的に権力者の目的どおりに対象者を動かす権力を指す言葉である。対象者の社会的な生活に介入するという意味で生権力と呼ばれる。

この両概念の歴史は複雑で、一般にはともにフーコーが発明したと考えられているが、実際には彼は両者をこのように対立させてはいない。そもそも規律訓練は一九七五年の『監獄の誕生』で、生権力は一九七六年の『知への意志』で現れる言葉で、このふたつの本は異なった現象を分析している。けれども、のちに、フーコーの友人でもあった哲学者のジル・ドゥルーズが、一九九〇年に発表した短い評論で両者を対立させ、規律訓練が支配する「規律社会」は一九世紀までの社会のモデルであり、現代社会は生権力が支配する「管理社会」に移行しつつあるという簡単な図式を提示してみせた。規律から管理へというこの図式は、フーコーのもともとの主張に比べてたいへんわかりやすかったので、すぐに広く知られるようになった。

しかし、その議論はどれほど適切だろうか。ぼくには、そこで立論の前提となった権力形態の移行という想定そのものが疑わしいように思われる。

なぜか。それは、規律と管理というふたつの権力形態は、ほんとうはたがいに排他的ではないはずだからである。規律と管理は同時に作動しうる。権力者あるいは管理者は、ひとつの目的を実現するため複数の手段を用いることができる。たとえば、公園からホームレスを追い出したいのであれば、直接にホームレスに出て行けと命令することもできれば、ベンチや歩道の設計を変え、あるいは近くに宿舎を用意し、ホームレスが「自発的に」公園を離れるよう仕向けることもできる。

ドゥルーズが管理社会の例として提示したのは、「決められた障壁を解除するエレクトロニクスのカードによって、各人が自分のマンションを離れ、自分の住んでいる通りや街区を離れることができるような」「しかし決まった日や決まった時間帯には、同じカードが拒絶されることもある」町である。しかし、そのようなカードを与えられたからといって、規律訓練的な命令や監視がなくなるわけではない。ぼくはたまたまいまこの原稿をホテルで書いているが、最近の少なからぬホテルは、まさにドゥルーズが想像したようなカードで入退室や階の移動を管理している。チェックアウトのあとは、同じカードを使っても同じ部屋には入れないし、エレベーターのボタンすら押せない。しかし、だからといってフロントからスタッフがいなくなるわけではないし、各種警告の掲示がなくなるわけでもない。カードの存在は、むしろ、そのような命令と監視が行き届かない場合（顧客と言葉が通じない場合など）の保険として機能している。だとすれば、ぼくたちは、現代世界では規律社会と管理社会は重なっているのだと、したがって国民国家と帝国も重なっているのだと言うべきではなかろうか？

（東浩紀（あずまひろき）『観光客の哲学』による）

問　傍線部について、ホテルの事例から規律社会と管理社会が重なっていると推論できるのはなぜか、説明しなさい。

読解ストラクチャー

①規律訓練と生権力は、フランス系現代思想で使われる権力の二類型である。おおざっぱに説明すれば、規律訓練のほうは、権力者があああしろこうしろと命令し、懲罰を与えることで対象者を動かす権力を指す言葉である。懲罰があるので規律訓練と呼ばれる。他方で生権力のほうは、あくまでも対象者の自由意志を尊重しながらも、規則を変えたり価格を変えたり環境を変えたりすることで、結果的に権力者の目的どおりに対象者を動かす権力を指す言葉である。対象者の社会的な生活に介入するという意味で生権力と呼ばれる。

第一段落では「規律訓練」と「生権力」という権力の二類型について説明されています。それぞれの特徴をまとめると次のようになります。

規律訓練　↓「命令」と「懲罰」で人を動かす
↔ 対立関係（差異）
生権力　↓「自由意志」を尊重しながら、「社会的な生活への介入」によって人を動かす

一見すると対照的に見える二類型ですが、さらに説明を読み進めましょう。

2 この両概念の歴史は複雑で、一般にはともにフーコーが発明したと考えられているが、実際には彼は両者をこのように対立させてはいない。そもそも規律訓練は一九七五年の『監獄の誕生』で、生権力は一九七六年の『知への意志』で現れる言葉で、このふたつの本は異なった現象を分析している。けれども、のちに、フーコーの友人でもあった哲学者のジル・ドゥルーズが、一九九〇年に発表した短い評論で両者を対立させ、規律訓練が支配する「規律社会」は一九世紀までの社会のモデルであり、現代社会は生権力が支配する「管理社会」に移行しつつあるという簡単な図式を提示してみせた。規律から管理へというこの図式は、フーコーのもともとの主張に比べてたいへんわかりやすかったので、すぐに広く知られるようになった。

第二段落では、「規律訓練」と「生権力」という2つの概念はもともとフーコーが発明したと考えられていたこと、とはいえフーコーはこの2つの概念を対立させてはいなかったことが説明されています。しかし、ドゥルーズがこの2つの概念を対立させて、「規律訓練が支配する規律社会」から「生権力が支配する管理社会」へという図式を提示して、それが広く知られるようになったと書かれています。

ドゥルーズの図式

近代社会「規律訓練が支配する規律社会」

← 変化

現代社会「生権力が支配する管理社会」

3 しかし、その議論はどれほど適切だろうか。ぼくには、そこで立論の前提となった権力形態の移行という想定そのものが疑わしいように思われる。

第三段落では筆者がドゥルーズの議論に対して疑いを持っています。いったいなぜ筆者はドゥルーズの議論に疑問を持ったのでしょうか。

4 なぜか。根拠（それは、規律と管理というふたつの権力形態は、ほんとうはたがいに排他的ではないはずだからである。規律と管理は同時に作動しうる。権力者あるいは管理者は、ひとつの目的を実現するため複数の手段を用いることができる。）具体例（たとえば、公園からホームレスを追い出したいのであれば、直接にホームレスに出て行けと命令することもできれば、ベンチや歩道の設計を変え、あるいは近くに宿舎を用意し、ホームレスが「自発的に」公園を離れるよう仕向けることもできる。）

第四段落ではドゥルーズの議論に疑問を持った理由が述べられています。「規律」と「管理」という2つの権力形態は、同時に作動しうるので、「規律」から「管理」への移行という想定が疑わしいのです。「たとえば」以下では「規律」と「管理」という2つの権力形態が同時に作動しうることの具体例が述べられています。

⑤（具体例）ドゥルーズが管理社会の例として提示したのは、「決められた障壁を解除するエレクトロニクスのカードによって、各人が自分のマンションを離れ、自分の住んでいる通りや街区を離れることができるような」「しかし決まった日や決まった時間帯には、同じカードが拒絶されることもある」町である。しかし、そのようなカードを与えられたからといって、規律訓練的な命令や監視がなくなるわけではない。ぼくはたまたまいまこの原稿をホテルで書いているが、最近の少なからぬホテルは、まさにドゥルーズが想像したようなカードで入退室や階の移動を管理している。チェックアウトのあとは、同じカードを使っても同じ部屋には入れないし、エレベーターのボタンすら押せない。しかし、だからといってフロントからスタッフがいなくなるわけではないし、各種警告の掲示がなくなるわけでもない。カードの存在は、むしろ、そのような命令と監視が行き届かない場合（顧客と言葉が通じない場合など）の保険として機能している。）だとすれば、ぼくたちは、現代世界では規律社会と管理社会は重なっているのだと、したがって国民国家と帝国も重なっているのだと言うべきではなかろうか？

第五段落ではドゥルーズが実際に管理社会の例として用いたのは「カードで管理された街」の話で

す。しかし、筆者は「ホテルのルームカード」を似たような例だとして持ち出して、ホテルは管理されているが、命令と監視もあるとしています。

これらの具体例を根拠として、「現代世界では規律社会と管理社会は重なっているのだと、したがって国民国家と帝国も重なっているのだと言うべきではなかろうか？」と主張を展開しています。

全体像

権力の二類型

規律訓練　→「命令」と「懲罰」で人を動かす

⇔　対立関係（差異）

生権力　→「自由意志」を尊重しながら、「社会的な生活への介入」によって人を動かす

ドゥルーズの図式

近代社会「規律訓練が支配する規律社会」

←　変化

現代社会「生権力が支配する管理社会」

⇔　対立関係（反論）

筆者の図式

現代社会「規律訓練が支配する規律社会」

＋　並列関係

現代社会「生権力が支配する管理社会」

↑ 帰結

筆者の主張

現代世界では国民国家と帝国も重なっている

読解思考エレメント

一見すると相反するものが同時に存在する形を見たら、「逆説」を考える。

解法ストラクチャー

STEP① 設問を分析する。［文構造→ポイント］

A前提 → X帰結

ホテルの事例［から］規律社会と管理社会が重なっていると推論できるのはなぜか

設問文が「飛躍」を説明してくれている例です。「ホテルの事例」と「規律社会と管理社会が重なっている」という主張の間に「飛躍」があります。「ホテルの事例」の詳しい説明を求めましょう。

STEP② 解答の根拠を捉える。［周囲の文を見る］

1 規律訓練［と］生権力は、フランス系現代思想で使われる権力の二類型である。おおざっぱに説明すれば、規律訓練のほうは、権力者があれしろこうしろと命令し、懲罰を与えることで対象者を動かす権力を指す言葉である。懲罰があるので規律訓練と呼ばれる。［他方で］生権力のほうは、あくまでも対象者の自由意志を尊重しながらも、規則を変えたり価格を変えたり環境を変えたりすることで、結果的に権力者の目的どおりに対象者を動かす権力を指す言葉である。対象者の社会的な生活に介入するという意味で生権力と呼ばれる。

（中略）

5 （具体例 ドゥルーズが管理社会の例として提示したのは、「決められた障壁を解除するエレクトロニクスのカードによって、各人が自分のマンションを離れ、自分の住んでいる通りや街区を離れることができるような」「しかし決まった日や決まった時間帯には、同じカードが拒絶されることもある」町である。しかし、そのようなカードを与えられたからといって、規律訓練的な命令や監視がなくなるわけではない。ぼくはたまたまいまこの原稿をホテルで書いているが、最近の少なからぬホテルは、まさにドゥルーズが想像したようなカードで入退室や階の移動を管理している。チェックアウトのあとは、同じカードを使っても同じ部屋には入れないし、エレベーターのボタンすら押せない。しかし、だからといってフロントからスタッフがいなくなるわけではないし、各種警告の掲示がなくなるわけでもない。カードの存在は、むしろ、そのような命令と監視が行き届かない場合（顧客と言葉が通じない場合など）の保険として機能している。）だとすれば、ぼくたちは、現代世界では規律社会と管理社会は重なっているのだと、したがって国民国家と帝国も重なっているのだと言うべきではなかろうか？

ホテルの例では「スタッフや掲示」によって「命令と監視」が行われており、その「命令と監視」が行き届かない場合の保険として「ルームキーカード」が使われていると説明されています。つまり、「権力者があぁしろこうしろと命令し、懲罰を与えることで対象者を動かす権力」と「あくまでも対象者の自由意志を尊重しながらも、規則を変えたり価格を変えたり環境を変えたりすることで、結果的に権力者の目的どおりに対象者を動かす権力」が同時に機能していると言えます。これらのポイントをまとめて解答を構成しましょう。

STEP③ 解答のポイントをまとめる。

「ホテルの例」
①スタッフや掲示　↓権力者が命令と監視をする　＝規律社会
＋ 並列関係
②ルームキーカード　↓あくまでも対象者の自由意志を尊重しながらも、カードの情報を変更することで、結果的に権力者の目的どおりに対象者を動かす　＝管理社会
↑ 帰結
規律社会と管理社会が重なっていると推論できる

STEP④ 記述解答を書く。

解答例
ホテルの例では、スタッフが監視し、掲示物によって命令することで客を動かしているが、その監視と命令が行き届かない場合に備えて、客の自由を尊重しながらもカードの情報を管理することで結果

的にホテルの支配人の目的通りに客を動かすルームキーも同時に機能しているから。

採点ポイント

1 スタッフが監視し、掲示物によって命令する（3点）
2 客の自由を尊重しながらもカードの情報を管理することで結果的にホテルの支配人の目的通りに客を動かすルームキー（4点）
3 1が行き届かない場合に備えて2も同時に機能している（3点）

「スタッフと掲示物」が「監視と命令」をするものになっていること、「カード」が「管理」をするものになっていることが説明できていれば大丈夫です。この説明が反対になってしまうと、0点になるので注意してください。

採点例

ホテルの例では、スタッフと掲示物が管理することで客を動かしているが、その管理が行き届かない場合に備えて、カードによる監視も同時に機能しているから。（0点）

なんとなく模範解答と同じような言葉がたくさん並んでいるので、どうして0点なのか不思議かもしれません。あるいは、実際に模擬試験で同じような経験をしたことがあるかもしれませんね。

これは**「構造」＝「ストラクチャー」の中に入れる「情報」を反対にしてしまったということから、起こってしまうミス**なのです。「スタッフと掲示物」が「管理」するもの、「カード」が「監視」するものとしてしまっては、「管理」と「監視」が逆です。あるべき言葉があるべき場所に置かれているかどうかがとても重要です。その意味で、ストラクチャーを意識したうえで、確実に情報を盛り込んでいきましょう。

記述思考エレメント

ストラクチャーを確定させて、その中に正しい情報を盛り込む。

コラム

「なぜか」という問題の本質についての思考ストラクチャー

僕自身、講師を始めたときは「なぜか」の問題が苦手でした。「なぜか」という問いが「因果関係」の問いだという固定観念にとらわれていたからです。

結局、最初は「消去法」で解説するしかありませんでした。文章を読んで、選択肢が間違っている根拠を探していたのです。このやり方は今でも多くの受験生が使っているのではないでしょうか。

ところが、「記述」ではそうもいきません。消去する選択肢がないのですから、それも当然です。困り果てた僕は世の中のあらゆる現代文の参考書を読み漁りました。今思うと僕が現代文の解き方を探究したのは「なぜか」という問いがあったからなのだと思います。

するとまず、一冊の現代文の参考書に辿り着きました。その本では、「なぜか」の問題は「起点」と「帰着点」を捉えてその「飛躍」を埋める説明を本文中に求める、という本書の原型が記されていました。僕はすがるような思いで、この解き方で過去問を解き漁りました。すると、腑に落ちる解答がいくつも書けることに気がつきました。もちろん記述解答は大学側が公表していないので、「旧センター試験」の問題でも検証しました。ここでもかなり通用することが分かりました。

しばらくはこの解き方で教えていましたが、スッキリ説明できる問題とそうでもない問題があることに気がつきます。そこで、さらに参考書を読み漁りました。現代文の参考書だけでは飽き足らず、大学で学ぶような論理学のテキストも読みました。恥ずかしながら大学時代に挫折した論理学に、大人になってから再チャレンジしたのです。すると、「三段論法」をはじめとした「論証」という考え方に辿り着きました。受験生時代に数学にまともに取り組まなかったことを、大人になってから後悔しました。論理学から数学へと勉強を進めていき、「数学とはこんなにも役に立つのか」ととても驚きました。もちろん、奥深い数学のほんの一部分に触れただけなのですが、とても魅力的な学問なのだろうと思いました。

それから、約10年くらいの年月を経て、「なぜか」の考え方が完成しました。もちろん、正確に伝えようとすれば記号論理学のように論理記号式で説明するのが最も厳密で分かりやすい気がするのですが、生徒がついてこれなければ意味がありません。実際、論理記号式のような文を使って解説したこともありますが、最難関大受験生でないと議論についてこられませんでした。どの塩梅(あんばい)が最も実用的で分かりやすいのかなと試行錯誤した結果が本書に詰まっています。ぜひしっかり身につけてください。

第5講

「心情把握問題」のストラクチャー

第5講 「心情把握問題」のストラクチャー

講義

今回は小説や随筆で出題される心情把握問題について学びましょう。

1 小説読解では、「心情」を捉える

「心情」は、文章の中に心情表現によって書いてあることもありますが、書いていない場合もあります。現実でも「心情」は目に見えないですよね。小説も同じです。**目に見えない「心情」をどのようにして捉えたら良いのかというのが、「心情把握」の重要なポイントです。**

2 「心情」の捉え方

では、どのようにして心情を捉えたら良いのでしょうか。

まずは「**心情語**」「**心中表現**」「**助動詞**」をチェックしてみましょう。「心情語」とは「歓喜」や「憎悪」など、心情を表す単語のことです。

次に、「心中表現」とは「〜と思った」「〜と考えた」など、心中を表す表現のことです。最後に「助動詞」ですが、「〜たい」「〜よう」のような願望の助動詞などのことです。

記述思考エレメント

「心情」は、「心情語」「心中表現」「助動詞」をチェックして捉える。

これらの表現をチェックすることで、「心情」を捉えることができるのですが、登場人物の心情がすべて書いてあるとは限りません。書いていない場合はどうやって捉えたら良いのでしょうか。**「書いていない心情」は「原因（事態、事情）」と「結果（行動、反応、発言）」から推察します。**

例えば、「泣いた」という部分に傍線が引かれて、「どういう心情か」と問われたとします。「泣いた」だけでは、「うれしくて泣いた」のか「悲しくて泣いた」のか分かりません。しかし、「現代文の記述問題が解けるようになった。泣いた」と書いてあればどうでしょう。心情は直接書かれていませんが、「うれしい」という心情であろうことは推察できます。

記述思考エレメント

「書いていない心情」は、「原因」と「結果」から推察する。

3 「心情把握問題」の解法手順

それでは具体的にどのようにすれば良いのかを説明します。「心情」の問題を解くときは、必ず次の手順を守って解答するようにしてください。

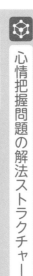

心情把握問題の解法ストラクチャー

STEP① 傍線部を含む一文の構造を分析する。
STEP② ポイントとなる言葉（原因、心情、結果）を捉える。
STEP③ 解答の根拠を捉える。
STEP④ 解答のポイントをまとめる。
記述解答を書く。

STEP① 傍線部を含む一文の構造を分析する。

まず、傍線部のある一文の構造を分析します。特に小説では主語などが省略されていることが多いので、省略には注意してください。

記述思考エレメント

小説では省略に注意する。

ポイントとなる言葉（原因、心情、結果）を捉える。

次に、「ポイントとなる言葉」を捉えます。「原因」となるような事態や事情が書いてあるのか。それとも、「心情」を表す言葉が書いてあるのか。あるいは「結果」の行動や反応や発言が書いてあるのかを捉えます。「心情」や「結果」に線が引かれることが多いという点は覚えておきましょう。

STEP②

解答の根拠を捉える。

次に、傍線部の周りにある「解答の根拠」となる文を探しましょう。「原因」や「心情」を求めて周囲の文を見ます。見るときは「まずは前、なければ後ろ」とチェックするようにしてください。

STEP③

解答のポイントをまとめる。

この段階で「因果関係」がきちんとつながるかをチェックします。「因果関係」に「飛躍」が見つかった場合には、文章に戻って丁寧に根拠を探しましょう。

STEP ④

記述解答を書く。

解答を書くときは、「原因」「心情」が明確に分かるように書いてください。

記述思考エレメント

「原因」ので「心情」という形で解答を書く。

実践問題12 次の文章は、カフェの開業を決意した主人公珊瑚（さんご）が、「物件」を見に行く場面に始まる一節である。読んで問いに答えよ。

出題 東北大学

立花夫妻は、子連れで現れた。

家のことや敷地のことを、一度、現場で説明しよう、と立花義也（よしや）から連絡が来たので、珊瑚も少し緊張して、定休日、くららに雪を預けて「現場」へやってきたのだった。すると、前回閉まっていた門が大きく開いていて、そこに白いセダンが一台、停（と）まっていた。車種に疎い珊瑚には、どういう車なのか分からなかったが、そこからは何か、「平均的な幸福」といったものが漂っているように思えた。主張がなく、威嚇がなく、敵意を感じさせない。これがいわゆる、ファミリーカーというものなのだろう、と、おおいに感心した。

その「感心」には嫌みが混じっている、とすぐに気づく。そういうふうに自分が反応するのは、「平均的な幸福」から、遥（はる）かに遠いところにいる、という自覚からくる僻（ひが）みなのかもしれない、情けないことだ、と我に返って頭を振り、一旦（いったん）その「僻み」を吹き飛ばし、車の横を抜け、「物件」へと向かった。

「物件」は、すっかり雨戸が開けられ、二階を含め、窓も開け放たれていた。家の中に、誰かいる気配があった。近づくと、色白で童顔の男性が中から出てきて、

「珊瑚さん？」

「はい。初めまして」

「初めまして、立花です」

二人で頭を下げ合っていると、奥から、

「いらしたの？」

と、声がして、これもまた色白で愛らしい童顔の女性が、

「あなたが珊瑚さん。お噂(うわさ)は聞いています」

にこにこしながら、さっと片手を差し出し、握手を求めた。珊瑚はちょっと面食らったが、おずおずとそれに応じた。

「妻の恵(けい)です。で、これが」

奥から、小さい男の子が走り寄ってきたかと思うと、立花の足にしがみついた。

「長男の、カイト、です。もうすぐ二歳」

カイトと呼ばれた男の子は、珊瑚の方を見ながら、立花に手を伸ばす。

「カイトくん。どんな字を書くんですか」

立花は、カイトを抱き上げ、

「海の人、って書いてカイト」

「ああ。海人。すてきな名前」

「海の日に生まれたってだけで……珊瑚さんも、お子さんいらっしゃるんでしょう。連れてこられるかと思って、うちも」

「ああ、でも、遊び相手には無理かもしれません。まだ八カ月ですから」

「お名前は」

「雪っていうんです。空から降ってくる……」

「すてきじゃないですか」

「雪の日に生まれたってだけで」

そこで皆で笑った。海の日に生まれた海人は、きょとんとしている。

「どうぞ上がってください。そろそろ窓も閉めて、暖かくしましょう。電気ストーブを持ってきたんです」

恵はそう言って、奥へ入り、硝子（ガラス）戸を閉め始めた。珊瑚も上がってそれを手伝う。義也は二階へ向かった。

「すてきなご家族だったんです。奥さんの恵さんもとても優しくしてくださって……。彼女が義也さんを説得して、結局家賃を十五万にしてくださったんです」

「え、それはすごい。よかったじゃないですか」

くららは無邪気に喜んでみせたが、

「そうなんです」

珊瑚の顔は浮かない。

「何かあったんですか？」

くららの問いかけに、珊瑚はしばらく一点を見つめて黙っていたが、

「……嫉妬（しっと）だと思うんです、結局は」

「あら」

くららは面白がっているような顔をした。

「どうしてそう思うの」

「……ええ」

ええ、と言ったのは、別に何かを肯定したからではなく、ただ、自分の次の言葉への呼び水として発したに過ぎなかったのだが、それでも珊瑚はまだ考えている。くららは珊瑚が語り出すのを待っている。珊瑚は、

ようやく、

「……たぶん、彼らは、海人君が熱を出せば、二人で心配し、相談して考える。チームとして、動ける。週末になれば、今日のように三人でどこかに出かける。日曜日の公園。笑顔と歓声。たぶん、恵さん自身、何の屈託もなくそういうものの中で育った。そして、自分とはかけ離れた、一人で赤ん坊を育て、生活のために開業しようとしている女の話を聞いた。心から同情した。自分にできることはないか、と考えた。そして、その女が少しでも楽になるように、家賃を安くするよう夫に働きかけた」

くららは静かに微笑(ほほえ)んでいる。そして、

「そうね、まちがいなく、そんなところでしょう。それがどうしていけないの」

珊瑚は、黙っている。

「施し、みたいに感じますか?」

くららの言葉に、珊瑚は大きくため息をついた。

「そういうことなんだと思います」

「そう? 私には、彼女の、あなたに対する尊敬もあると思うけど」

珊瑚は激しく首を振る。

「同情です、まちがいなく。私が、雪と二人で生きていく、それだけのことが、人の同情を呼ぶ。そのことに、うすうすは気づいていました。くららさんだって、本当のところ、そうだったんではないですか。時生(ときお)さんたちだって。いえ、そのことを、決して責めてるんじゃないんです。ものすごく、ありがたいことだと思ってるんです、本当に。ただ、なんというか……。そういうことに頼って生きていくような自分が嫌なんです」

それだけ言うと、俯(うつむ)き、両手を合わせて額を支えた。くららはしばらく黙って珊瑚を見つめていたが、

「今までは、でも、そういうことにそれほど、なんというか、アレルギー反応みたいなのは出なかったでしょう。今日、『恵さんの優しさ』で、一気にそれが意識の表に出てきてしまった、ということなのかしら」

「……たぶん」

(ア)**アレルギー反応、っていう言葉はぴったりかもしれない、と珊瑚は心の中で思った。**

くららは、そう、とうなずき、

「なんでも外国の例を持ち出すのが馬鹿げているということは分かっているけれど、自分たちの文化や感じ方がすべてなんだって、思い込まないですむようにするためには、いろんな人たちがいることを知るのは、役に立つと思うの」

と、低く優しい声で話し始めた。

「『若草物語』に、クリスマスの朝、四姉妹が楽しみにしていたごちそうを、母親に言われてそのまま、町の貧しい人たちに持っていくところがあるでしょう。あの四姉妹は、ずっと楽しみにしていたことだけに、残念でならないと思ってもいるけれど、清々(すがすが)しい思いもする。欧米の国々の中にはね、自分たちがいつも施す側だと思っているところが多かった。やらなければならないという義務感だけで黙々とやってきたにしても、正しいことをやっているという気持ちのよさがあることは否めない。自分たちが自己犠牲を払うことによって他者が喜ぶ、それを自分の喜びとすることで気持ちよくなるのか、優越欲求が満たされて、気持ちよくなるのか、或(ある)いはその両者は同じ一つのものなのか、その辺りが、意識されないでずっとやってきた。そこはとてもややこしいところだから、今は、手をつけないでおきましょう。問題は、人類が生まれてから、ずっと、ありがとうございます、とお礼を言いつつ施される側にあった人々のことです。感じていたのは感

謝だけとは思えない。ごく稀（まれ）にはそれだけのこともあるだろうけれど、大かたは、六割の感謝、二割の屈辱感、二割の反感、みたいなものだったろうと思います。けれど、それでも生きていかないといけない、という現実が、彼らに頭を下げさせる。『施す側』の中の、センスのいい人々は、なんとなくそれを感じ取って、彼らに卑屈さを感じさせまいと余計に丁寧に接する、そうするとそのことがまた、彼らの屈辱感を倍加させる……」

（イ）<u>くららはため息をついた。</u>この辺りのことは、どうやら彼女の修道女としての海外活動で通ってきた葛藤（かっとう）であるらしかった。

「けれど、施す側もいろいろだけれど、施される側もいろいろです。施されてやってるんだ、おまえたちに善行をさせてやってるんだ、とばかり、貰（もら）ってやるという態度の人もいる。礼も何も言わず、当然の権利のようにもっともっとと要求してくる人たちもいる。それほどではなくても、施される、ということは、そのままプライドまで差し出さなければならない、ということでは全然ないのよ。なんというか、一番その人のプライドが試される、重要な瞬間なんです。もっとも、その前に、私は珊瑚さんが今、『施されてる』状態では全然ないと思ってるけど。もしあなたが、立花さんが家賃を十五万円に値引きしたってことに、そう感じているのなら……」

珊瑚はその言葉をさえぎり、

「プライドが試される、重要な瞬間っていうのは？」

くららは、そうね、と言って、何かを思い出そうとし、ゆっくりと、

「私が昔、ローマに赴任していたとき、貧しい人たちの住む地域に、寄付された服や食糧を定期的に運んでいたことがあったの」

「ああ、修道院の活動で？」

「そう。そこにいた、一人暮らしのおばあさん、ジュリアーナ。私が持っていくものを、まるで薔薇(ばら)の花束を受け取るように、にっこりと、優雅に、両手をこう、振り絞って……」

と、くららは両手を胸の前で握りしめ、目をつむって微笑みながら首を振って見せた。

「まあ、ありがとう、って受け取るの、毎回、毎回。それはやり過ぎたらかえって嫌みになって相手への攻撃になるような、微妙なラインなの。彼女はその辺を、完璧(かんぺき)に心得ていた。私は、いつも、自分が極上のプレゼントを差し上げたような気持ちにさせてもらったものです。それは、ジュリアーナの、私へのねぎらいだったの。ジュリアーナは、地方の領主の家柄の出身だったんです。私が彼女のプライドを気遣っていることが、分かっていたのね。ちょっとやそっと、『施された』くらいで、ジュリアーナのプライドはびくともしないのよ。私を気持ちよくさせることが、彼女の『施し』だったのかもしれない」

珊瑚は苦笑した。

「プライドの鍛え方が違うのかもしれません」

「そうね。珊瑚さんはもっと鍛える必要があるかもしれませんね」

そこで二人で少し笑った。くららは、

「聖フランシスコの言葉に、施しはする方もそれを受ける方も幸いである、というのがありますが、ジュリアーナの文化的な背景にそういう認識があったかもしれない。確かに、私には珊瑚さんと雪ちゃんの役に立てれば、という気持ちがあります。それを同情と呼ぶかどうかは別にして。珊瑚さんは、同情を引くのがいや、と言っているけれど、たとえば、あなたの好きな石原吉郎(よしろう)がいたシベリアの抑留地で、彼らはそんなことを言っていられたかしら。彼らの中の誰かが、ソ連側の誰かの同情を引いて銃殺を免れたとか、パンを一個余計に貰って餓死を免れたとしたら、その『同情を引く力』は、その人が生きるための武器になったのではないかしら」

「……生きるための武器」

くららは、うなずいた。珊瑚は、

「そんなものを、武器にして生きるなんて悲しい。でも、それが私の現実なんだって、だんだん、分かってきました」

そして、傷ついた後のような笑顔を見せた。くららはその笑顔を痛々しく見遣(みや)って、

「その、恵さんだって、私は同情と呼ぶより、珊瑚さんに対する好意だったんだと思いますよ」

「ええ。私も彼女が好きです。だから、いろいろ考えて、これは私の彼女に対する嫉妬なんだって、思ったんです。私にないものを持っているからって、反感を持つのは、それはやっぱり、私がおかしい」

「おかしくなんかないですよ。自然な感情ですよ。(ウ)でも、彼女に反感を抱くことを、そういうふうに意識できれば、しめたものですよ」

「しめたものですか」

「そう、しめたもの」

ふふふ、と二人で笑う。

珊瑚さんにはね、なんというか、こちらが思わず応援したくなるようなところがあるんです、だからね、それを利用すればいいのよ……。

別れ際、くららはそう言ったが、珊瑚は、そんなものを「利用」する気になんかなれない、と思った。な

んというか、人の好意を利用するなんて、そういうことは、「薄汚い」、と思う。けれどそれは、まだまだ「プライドの鍛え方」が足りないということなのだろうか。そんなことにいちいち反応するのは、なまっちょろい「プライド」の証拠で、母子家庭でなりふりかまわず働かないといけない立場としては、もっとプライドを鍛え、ちょっとやそっとでは傷つかない鎧（よろい）のようなものにし、当然のような顔をして人の好意を渡り歩いて行くべきなのだろうか。

自分にそれができるかどうか、しばらく考える。

（エ）<u>やっぱり、葛藤なしにはできない、と思う。</u>

バギーを止め、中で寝ている雪を見つめる。

綱渡りのような人生だけれど、やれるところまでこれでやってみるしかない。あんたは、そういう母親といっしょに生きるんだ。

（梨木香歩（なしきかほ）『雪と珊瑚と』による）

（注）

○時生――くららの甥（おい）が開いたオーガニック農場の共同経営者。

○石原吉郎――シベリア抑留の経験をもつ詩人（一九一五――一九七七）。

問1　傍線の箇所(ア)に「アレルギー反応、っていう言葉はぴったりかもしれない、と珊瑚は心の中で思った」とあるが、「アレルギー反応」とはどういうことか。本文の内容に即して三十五字以内で説明せよ。

問2　傍線の箇所(イ)に「くららはため息をついた」とあるが、それはなぜか。本文の内容に即して六十字以内で説明せよ。

問3　傍線の箇所(ウ)に「でも、彼女に反感を抱くことを、そういうふうに意識できれば、しめたものですよ」とあるが、くららはなぜ「しめたものですよ」と珊瑚に伝えたのか。本文の内容に即して四十五字以内で説明せよ。

問4　傍線の箇所(エ)「やっぱり、葛藤なしにはできない、と思う」には、珊瑚のどのような気持ちが表れているか。本文全体の内容を踏まえて七十五字以内で説明せよ。

問1

問2

問3

問4

読解ストラクチャー

今回は小説なので最初に、全体像を確認してみましょう。

全体像

第一意味段落（P169L1〜P171L38）「立花夫婦との出会い」

（原因A（事態））
カフェの開業を決意した珊瑚が「物件」のオーナーである立花夫婦と出会う。立花夫婦の乗っているファミリーカーからは夫婦と子供がいる「平均的な幸福」が漂っていた。

＋

（原因B（特殊事情））
母子家庭の珊瑚は「平均的な幸福」から遠いところにいるという自覚がある

↓

（心情）
嫌悪感を感じた

第二意味段落（P171L39〜P176L144）「くららとの会話」

（原因A（事態））
立花夫婦は家賃を十五万にしてくれた

＋
原因B（特殊事情）
珊瑚は「平均的な幸福」を持っている立花夫婦が母子家庭の珊瑚に同情して施しをしたと考えた
←
心情
珊瑚は他者の同情に頼って生きていくような自分が嫌だと感じた
←
くららは珊瑚が前向きになるようにさまざまな話をする
←
珊瑚とくららは二人で笑う

第三意味段落（P176L145〜P177L154）「珊瑚の葛藤」

原因A
くららは、珊瑚には人が好意を寄せるところがあるから、それを利用すればよいと言った
←
心情A
珊瑚は人の好意を利用するといういやらしいことはできないというプライドがある

＋
原因B 母子家庭でなりふりかまわず働かないといけない立場

← 心情B 施されることで相手が喜ぶというプライドを鍛えて、当然のような顔をして人の好意を渡り歩いて行くべきなのだろうか

← 葛藤なしにはできない

問1　傍線の箇所(ア)に「アレルギー反応、っていう言葉はぴったりかもしれない、と珊瑚は心の中で思った」とあるが、「アレルギー反応」とはどういうことか。本文の内容に即して三十五字以内で説明せよ。

今回は傍線部内容説明問題です。「どういうことか」の問題は基本的に評論文と同じ方法で解くことができます。

解法ストラクチャー

STEP① 傍線部を含む一文を分析する。［文構造→ポイント］

（ア）アレルギー反応、っていう言葉はぴったりかもしれない、と珊瑚は心の中で思った。

（比喩表現：アレルギー反応）

傍線部の一文の構造を分析すると、主語が「珊瑚は」となっており、述部が「心の中で思った」となっています。

そして、「アレルギー反応」が比喩表現となっています。この「アレルギー反応」が何を表しているのかを求めましょう。

STEP② 解答の根拠を捉える。［周囲の文を見る］

珊瑚は激しく首を振る。

「同情です、まちがいなく。私が、雪と二人で生きていく、それだけのことが、人の同情を呼ぶ。そのことに、うすうすは気づいていました。くららさんだって、本当のところ、そうだったんではないですか。時生（ときお）さんたちだって。いえ、そのことを、決して責めてるんじゃないんです。ものすごく、ありがたいことだと思ってるんです、本当に。ただ、なんというか……。そういうことに頼って生きていくような自分が嫌なんです」

それだけ言うと、俯き、両手を合わせて額を支えた。くららはしばらく黙って珊瑚を見つめていたが、

「今までは、でも、そういうことにそれほど、なんというか、アレルギー反応みたいなのは出なかったでしょう。今日、『恵さんの優しさ』で、一気にそれが意識の表に出てきてしまった、ということなのかしら」

「……たぶん」

(ア)アレルギー反応、っていう言葉はぴったりかもしれない、と珊瑚は心の中で思った。

「アレルギー反応」の説明を求めると、「今日、『恵さんの優しさ』で、一気にそれ（アレルギー反応みたいなの）が意識の表に出てきてしまった」とあるので、「恵さんの優しさ」に対する「反応」であることが分かります。すると、「私が、雪と二人で生きていく、それだけのことが、人の同情を呼ぶ」ことに対して、「そういうことに頼って生きていくような自分が嫌なんです」という部分が「アレルギー反応」に該当すると分かります。

「アレルギー反応」とはある成分に対する体の拒絶反応です。今回は「他者の態度」に対する「自分への反感（嫌悪感）」を「アレルギー反応」に喩えたのだと分かります。

STEP③ 解答のポイントをまとめる。

私が、雪と二人で生きていく、それだけのことが、人の同情を呼ぶそういうことに頼って生きていくような自分が嫌なんです

STEP④ 記述解答を書く。

解答例

母子家庭の生活に同情されて受ける施しに頼って生きる自分に対する嫌悪感。

採点ポイント

1 母子家庭の生活に同情されて受ける施し（5点）
2 施しに頼って生きる自分に対する嫌悪感（5点）

採点例

珊瑚と雪の二人の生活に対して、他者から同情されることに対する嫌悪感。（5点）

1は書けていますが、「嫌悪感」が「他者から同情されることに対する」となっている点が誤りです。正しくは「同情に頼って生きていく自分」に対する「嫌悪感」なので、その点は注意しましょう。

問2　傍線の箇所(イ)に「くららはため息をついた」とあるが、それはなぜか。本文の内容に即して六十字以内で説明せよ。

今回は心情把握問題です。小説の「なぜか」の問題は「心情」や「結果（行動、反応、発言）」が発生する「原因」を問う問題です。

STEP① 傍線部を含む一文を分析する。［文構造→ポイント］

（イ）〈くららは〉ため息をついた。
結果（反応）

傍線部の一文の構造を分析すると、主語が「くららは」となっており、述部が「ため息をついた」となっています。

これは「結果（反応）」なので、「原因」と「心情」を求めましょう。

STEP② ✓解答の根拠を捉える。［周囲の文を見る］

「『若草物語』に、クリスマスの朝、四姉妹が楽しみにしていたごちそうを、母親に言われてそのまま、町の貧しい人たちに持っていくところがあるでしょう。あの四姉妹は、ずっと楽しみにしていたことだけに、残念でならないと思ってもいるけれど、清々しい思いもする。欧米の国々の中にはね、自分たちがいつも施す側だと思っているところが多かった。やらなければならないという義務感だけで黙々とやってきたにしても、正しいことをやっているという気持ちのよさがあることは否めない。自分たちが自己犠牲を払うことによって他者が喜ぶ、それを自分の喜びとすることで気持ちよくなるのか、優越欲求が満たされて、気持ちよくなるのか、或いはその両者は同じ一つのものなのか、その辺りが、意識されないでずっとやってきた。そこはとてもややこしいところだから、今は、手をつけないでおきましょう。問題は、人類が生まれてから、ずっと、ありがとうございます、とお礼を言いつつ施される側にあった人々のことです。感じていたのは感謝だけとは思えない。ごく稀にはそれだけのこともあるだろうけれど、大かたは、六割の感謝、二割の屈辱感、二割の反感、みたいなものだったろうと思います。けれど、それでも生きていかないといけない、という現実が、彼らに頭を下げさせる。『施す側』の中の、センスのいい人々は、なんとなくそれを感じ取って、彼らに卑屈さを感じさせまいと余計に丁寧に接する、そうするとそのことがまた、彼らの屈辱感を倍加させる……」

(イ)〈くららは〉ため息をついた。この辺りのことは、どうやら彼女の修道女としての海外活動で通ってきた葛藤であるらしかった。

「ため息」の元になる心情は「葛藤」だと分かります。「葛藤」とは「心の中に相反する心情が存在し、いずれをとるか迷うこと」なので、相反する心情が同時に存在する「心情の交錯」と考えます。

何が原因で「葛藤」していたのかというと、「施すこと」だと分かります。欧米の人は「正しいことをやっているという気持ちよさ」から「施し」をするという側面があることをくららは理解しつつ、自分も「施す」という行為を行ってきましたが、そのことで「施される側」は「感謝」だけでなく「屈辱感」や「反感」をも抱きます。そうならないように丁寧に接することで、さらに施される側は「屈辱感」を倍加させます。「施すこと」によって「施す側」は気持ちよさと、施される側に対して「感謝」だけでなく「屈辱感」や「反感」も抱かせてしまう罪悪感との間で「葛藤」があったと分かります。そのことを思い出して「ため息」をついたのです。

STEP③ 解答のポイントをまとめる。

原因A　正しいことをやっている

↓

心情A　気持ちよさ

＋　交錯（葛藤）

原因B　施される側に感謝だけでなく屈辱感と反感も感じさせてしまう

↓

心情B　罪悪感

結果 ← ため息

STEP④ 記述解答を書く。

解答例

正しいことをする気持ちよさと、施される側に感謝だけでなく屈辱感や反感をも感じさせてしまう罪悪感との葛藤を感じてきたから。

採点ポイント

1 正しいことをする気持ちよさ（4点）
2 施される側に感謝だけでなく屈辱感や反感をも感じさせてしまう罪悪感（4点）
3 葛藤を感じてきた（2点）

採点例

施される側に卑屈さを感じさせまいと配慮することで、かえって施される側は屈辱感を倍加させるという葛藤を感じてきたから。（2点）

「葛藤」という言葉は捉えられていますが、その中身が説明できていないので、大幅に減点されます。

問3　傍線の箇所(ウ)に「でも、彼女に反感を抱くことを、そういうふうに意識できれば、しめたものですよ」とあるが、くららはなぜ「しめたものですよ」と珊瑚に伝えたのか。本文の内容に即して四十五字以内で説明せよ。

今回は心情把握問題です。「くらら」の発言の意図を捉えましょう。

STEP①　傍線部を含む一文を分析する。【文構造→ポイント】

(ウ)結果(発言)
でも、彼女に反感を抱くことを、そういうふうに意識できれば、しめたものですよ」

傍線部の一文の構造を分析すると、「くらら」の「発言」だと分かります。「くらら」は「珊瑚」に対してなぜこのような発言をしたのか、その「心情(意図)」と「原因」を捉えましょう。

STEP② ✓解答の根拠を捉える。［周囲の文を見る］

「そんなものを、武器にして生きるなんて悲しい。でも、それが私の現実なんだって、だんだん、分かってきました」

そして、傷ついた後のような笑顔を見せた。くららはその笑顔を痛々しく見遣(みや)って、

「その、恵さんだって、私は同情と呼ぶより、珊瑚さんに対する好意だったんだと思いますよ」

「ええ。私も彼女が好きです。だから、いろいろ考えて、これは私の彼女に対する嫉妬なんだって、思ったんです。私にないものを持っているからって、反感を持つのは、それはやっぱり、私がおかしい」

「おかしくなんかないですよ。自然な感情ですよ。(ウ)でも、彼女に反感を抱くことを、そういうふうに意識できれば、しめたものですよ」

「しめたものですか」

「そう、しめたもの」

ふふふ、と二人で笑う。

珊瑚さんにはね、なんというか、こちらが思わず応援したくなるようなところがあるんです、だからね、それを利用すればいいのよ……。

「そういうふうに意識できれば」という部分を捉えると、「恵の提案は同情よりも好意であるから、恵に対する反感を持つのは、私がおかしい」であると分かります。ただし、これだけでは「しめたもの」という心情にはつながりません。

「くらら」にはどのような事情があったのかも捉えましょう。すると「珊瑚さんにはね、なんというか、こちらが思わず応援したくなるようなところがあるんです、だからね、それを利用すればいいのよ」という発言から、「他者の好意を素直に受け止めて利用してほしい」と考えていることが分かります。これが分かれば、「恵の提案は同情よりも好意であるから、恵に対する反感を持つのは、私がおかしい」と珊瑚が意識することで、珊瑚が「恵の好意を利用できる」ようになるため、「しめたもの」だと思うことができます。

STEP③ 解答のポイントをまとめる。

原因A 「恵の提案は同情よりも好意であるから、恵に対して反感を持つのは、私がおかしい」と珊瑚が発言した

＋

原因B くららは珊瑚に他者の好意を素直に受け止めて利用してもらいたい

←

心情 珊瑚が恵の好意を利用できるので、しめたもの

STEP④ 記述解答を書く。

解答例

施しに対する反感は自分の嫉妬だと考え、珊瑚には施す者の好意を利用して生きてほしいから。

採点ポイント

1 施しに対する反感は自分の嫉妬だと考え（4点）
（施しに反感を持つのは自分がおかしいと考え）

2 珊瑚には施す者の好意を利用して生きてほしい（6点）

「自分がおかしい」という一見マイナスの意識を「しめたもの」というプラスの意識に持っていく必要があります。その「飛躍」を埋められているかどうかが最大のポイントです。

採点例

「施しに対して反感を持つのは自分の嫉妬だと考え、珊瑚が自分のほうがおかしいと意識したから。」（4点）

この答案は一見「そういうふうに意識できれば」の説明ができているので良さそうですが、「マイナスの意識」を「プラスの意識」に転換できていないので、「しめたもの」につながりません。

問４　傍線の箇所(エ)「やっぱり、葛藤なしにはできない、と思う」には、珊瑚のどのような気持ちが表れているか。本文全体の内容を踏まえて七十五字以内で説明せよ。

今回は心情把握問題です。本文全体の内容を踏まえて、という条件に注意してください。

STEP①　傍線部を含む一文を分析する。［文構造→ポイント］

(エ)やっぱり、葛藤なしにはできない、と思う。
（心情）（省略）

傍線部の一文の構造を分析すると、「できない」という部分に省略があります。「何が」できないのかを捉えましょう。

また、「葛藤」は心情表現なので、その「心情」を捉えましょう。

STEP② 解答の根拠を捉える。［周囲の文を見る］

珊瑚さんにはね、なんというか、こちらが思わず応援したくなるようなところがあるんです、だからね、それを利用すればいいのよ……。

別れ際、くららはそう言ったが、珊瑚は、そんなものを「利用」する気になんかなれない、と思った。なんというか、人の好意を利用するなんて、そういうことは、「薄汚い」、と思う。けれどそれは、まだまだ「プライドの鍛え方」が足りないということなのだろうか。そんなことにいちいち反応するのは、なまっちょろい「プライド」の証拠で、母子家庭でなりふりかまわず働かないといけない立場としては、もっとプライドを鍛え、（ちょっとやそっとでは傷つかない鎧（よろい）のようなものにし）、当然のような顔をして人の好意を渡り歩いて行くべきなのだろうか。

自分にそれができるかどうか、しばらく考える。

(エ)やっぱり、葛藤なしにはできない、と思う。

まず「何が」できないのかというと、前文に「それができるかどうか」とあるので、「それ」の指示内容を求めます。すると、「母子家庭でなりふりかまわず働かないといけない立場としては、もっとプライドを鍛え」「当然のような顔をして人の好意を渡り歩いて行く」ことであると分かります。

次に、「葛藤」ですが、珊瑚は「人の好意を利用するなんて、そういうことは、『薄汚い』、と思う」とあります。つまり、「人の行為を利用する」ということに関して「嫌だ」という思いと、「当然」という思いとの間で「葛藤」していることが分かります。

最後に、「プライド」ですが、2種類あります。「なまっちょろいプライド」と「鍛え上げたプライド」です。この意味を考えるときに文章全体を視野に入れます。「なまっちょろいプライド」は『若草物語』のエピソードにあった「人の施しに対して屈辱感を抱いて反発するプライド」のことです。「鍛え上げたプライド」はローマのジュリアーナさんが持っていた「施しを受け取ることで、施しを与えたほうがよい気持ちにさせてもらえるようなプライド」です。この2つのプライドの間で「葛藤」することなしには、「人の行為を利用すること」はできないというのが、珊瑚の心情です。

STEP③ 解答のポイントをまとめる。

心情A
「なまっちょろいプライド」＝人の好意を利用するなんて、そういうことは、「薄汚い」、と思う

＋ 葛藤

心情B
「鍛え上げたプライド」＝人の好意を受け取ることで与えたほうがよい気持ちになるので、受け取るのが当然と思う

STEP④ 記述解答を書く。

解答例

他者の好意の施しに対して、利用する自分が許せないという気持ちとの葛藤なしに、受け取ることで施す側が喜ぶのだと考えて利用することはできないという気持ち。

採点ポイント

1 他者の好意の施しに対して、利用する自分が許せないという気持ちとの葛藤なしに（5点）

2 受け取ることで施す側が喜ぶのだと考えて利用することはできない（5点）

この問題も「葛藤（心情の交錯）」が最大のポイントです。また、2つのプライドを文章全体を見て、『若草物語』と「ローマのジュリアーナさん」をヒントにして考えるところも重要です。

採点例

他者の好意の施しに対して、利用する自分が許せないという気持ちとの葛藤なしに、当然のような顔をして人の好意を渡り歩いて行くことはできないという気持ち。（5点）

この答案は「葛藤」の説明ができているので、一見良さそうに見えますが、文章全体を踏まえて「鍛え上げたプライド」の説明ができていません。

第6講

「要約問題」のストラクチャー

第6講 「要約問題」のストラクチャー

講義

今回は要約問題の解き方を学びましょう。

1 要約問題とは

要約問題とは文章全体の趣旨を簡潔にまとめた文章を作る問題です。要約問題単体で出題されることもありますが、小論文の意見問題の前に出題されることも多いです。

2 要約問題の解法手順

要約問題の解法ストラクチャー

STEP① 文章全体を通読して、段落の役割を捉える。

STEP② 要約の優先順位にしたがい優先度の高いものを残し、優先度の低いものをカットする。

STEP③ 記述解答を書く。

STEP① 文章全体を通読して、段落の役割を捉える。

通読するときは「意味段落分け」ができれば、それに越したことはありません。しかし「意味段落分け」ができなくても要約文は書けます。自習時間に制限時間なしで要約をするならば意味段落分けをしたほうが良いですが、制限時間内で要約を作る場合は、意味段落分けに時間を使いすぎてもいけません。ここは厳密に考えなくても大丈夫です。

ただし、「主張」「根拠」「差異」「類似」「具体例」「譲歩」「引用」「エピソード」など、**レトリックの分析は詳細にメモをしておく**と良いでしょう。それぞれの文には役割があって、その場所に配置されています。それぞれの文が複雑に絡み合い構造化されて文章は成立しています。ですから、それぞれの文の役割については通読のときに確認しておきましょう。

記述思考エレメント

通読をする際は、「主張」「根拠」「差異」「類似」「具体例」「譲歩」「引用」「エピソード」など、それぞれの文の機能を明らかにして各段落のメモをとる。

STEP②　要約の優先順位にしたがい優先度の高いものを残し、優先度の低いものをカットする。

ここでメモした要素を取捨選択します。制限字数に合わせて、優先順位の高いものから採用していきましょう。要約の優先順位は次のようになっています。

要約の優先順位

① 筆者の主張
② 筆者の主張の「根拠」
③ 対立意見（譲歩、反論など）
④ 対立意見の「根拠」
⑤ 筆者の主張の「具体例」「比喩」「引用」「エピソード」
⑥ 対立意見の「具体例」「比喩」「引用」「エピソード」

まずは「**筆者の主張**」とその「**根拠**」の**優先順位が高い**ことを覚えておきましょう。これだけでも最低限の要約文は作れます。

STEP③ 記述解答を書く。

要素が取捨選択できたら、いよいよ解答を書きましょう。このときに今までの「どういうことか」「なぜか」問題で学んだことも思い出してください。次のような文は解答には不適切なので、注意するようにしましょう。

要約文にふさわしくない表現

①「指示内容がわからない指示語」
②「比喩表現」
③「定義されていない個人言語」
④「飛躍が埋められていない主張」

つまり、「どういうことか」「なぜか」で説明の対象となったような表現は解答に含めないということです。最後に読み直して確認してください。

実践問題13　次の文章を読んで後の問いに答えなさい。

出題　一橋大学

いまいちど確認しておきたいのは、アイルランドはなにか特別なことをしたために言語交替が起こったのではないということだ。その根底にあるのは、「順位づけ」というありふれた社会的行為である。結果的に言語交替を引き起こすことになった、アイルランドの母親の「わが子にはアイルランド語よりも英語を」という選択は、自分の方言よりも標準語のほうにわが子の将来をみる母親、「子どもには英語をしゃべらせたい」と願う日本の親と、なんら変わるところがない。そしてこのことは、言語もほかのさまざまな事物と同様に社会的な価値判断の対象になる以上、しごく自然なことである。アイルランドのばあいにはそこに植民地支配の過酷な背景があり、支配するものとされるものの力関係があり、貧困があった。そこにきて、大飢饉（だいききん）によるアイルランド語話者の急速な減少も追い打ちをかけた。その頃にはしだいに親はわが子にアイルランド語を話さなくなり、あるいはわが子を積極的に英語の環境に置くようにしてバイリンガルに育て、子どものほうでも新しい言語である英語におのずと生きる手段を得ていたのであろう。

日本で近年盛んになっている、早期の英語教育導入の議論、国民が英語を話せるようにするための英語教育の議論は、空気のようにある日本語を前提としている。言い換えれば、その議論は、英語が日本に浸透して多くの国民が英語を日常的に話すバイリンガルになったあとのことまでは考えていない。現代は多様な言語文化をもつ人たちがそれぞれに、たとえば英語やスペイン語や中国語といった大言語をある文脈では利用しつつ、なおかつ自分たちの言語をもっているということが可能であり、インターネットを通して世界中いつでもどこでもつながる時代である。だからアイルランドに起こったような言語交替などは起こりにくい状況にある。コミュニティにおける同質性がかつてのようになく、民族言語的に多様であるために、あるひとつの方向に動くということが起こりにくい。そうでなくてもいまのところ、日本は人口が多く、世界経済的にも影響力のある国であるから、そう簡単に国の言語が取り替えられるなどということは考えにくい。私自身もどこかで「日本語はだいじょうぶ」と、理由なき安心がある。

けれども、これからの日本のことばのことを議論するときに、私たちが知っておかなければならないのは、国民の多くが英語とのバイリンガルになったときには英語に傾くスピードが断然速くなるということである。もちろん、幸運にめぐまれて、安定的な二言語併用状態があるていど続くこともないとはいえないが、そのためには日本に複数言語使用の環境があり、英語と日本語がすくなくとも日本社会において、同じくらいの「力」をもっていることが条件となろう。もしも日本国民の大多数がひとまずなんらかの形で日本語と英語のバイリンガルであるという状況が生まれたときに、そこに加えて、英語が「フランスパン」で日本語が「長ネギ」(注)ということが日本社会における総意になっているというようなことになれば、日本語はもはや安泰ではなくなる方向におおきく舵(かじ)をきっているかもしれない。

言語はコミュニティを単位としては三世代あれば替わることが可能である。そこにきてもし、最初には上からの「政策」としてなんとか苦労してであっても、日本全体に英語を浸透させ、英語が話せる国民を増やすということをしたとしよう。これはとてもたいへんなことだから一筋縄ではいかないが、一定の条件が整っていけばまるっきり不可能というわけでもない。その「作業」にしばらく(数百年、もしかしたら百年よりも短いかもしれないくらいの)時間がかかるとしても、日本語と英語のバイリンガル化が完了したつぎの世代には、世界の状況ないし日本を取り巻く環境によっては、英語の使用が増え、そのつぎの世代には英語のほうが日本語よりも楽、ということは可能性として起こりうるのだ。新しい言語がいちど多くの人の母語として定着してしまえば、気持ちがどうであれ言語能力と使用に引っ張られることは、アイルランドの多くの人々が民族語であるアイルランド語を話したいとつよく願っていても日常的には英語を用いて生活しているのをみれば明らかである。

ある日、車内広告に、某子ども英語塾のこんなキャッチコピーを見つけた。「お父さんお母さん。英語を日本語と同じくらい使えたらワクワクするよね。だっていろんな夢が選べると思うから！」（原文は「英語」を色を変えて表示）という女の子の吹き出し。そしてそのあとには、「お子さまの将来の可能性を広げませんか？」との問いかけが続く。英語にみる子どもの将来はアイルランドに重なる。たとえば百五十年前にアイルランドの南西部の地域では、アイルランド語よりも英語に子どもの将来を託した。アイルランドは今年（二〇一六年）三月イースター蜂起（注）からちょうど百年を迎えたが、そのころの政治家たちの多くは古い貧しいアイルランドから脱却して、英語に豊かさを見て躍進しようとしていたのである。

そしてもうひとつ、この広告の女の子の「英語を日本語と同じくらい使えたら」という願望。早期の英語教育にある自然でイノセントな、バイリンガル化構想にも通ずる。そして、この女の子の願望は、いまの日本を生きるそう少なくない人々に共通のものとしてあるのだ。そして他方で、アイルランドは民族語を話せるバイリンガルを増やす計画のもとにあり、アイルランドの人々はアンケートに「アイルランド語が話せたら」「せめてアイルランド語とのバイリンガルでありたい」と民族語への思いを綴(つづ)る。なんだか、私たちがこれからひょっとすると登り始めることになるかもしれない山の反対側のふもとに、いまのアイルランドの人々の状況を見なくもない。言語交替を経験した国に生きる人々の言葉に、いま耳を傾けてみたい。

（嶋田珠巳(しまだたまみ)『英語という選択　アイルランドの今』による）

注　英語が「フランスパン」で日本語が「長ネギ」　ここでの「フランスパン」と「長ネギ」は、それぞれ「かっこいい」物と「かっこよくない」物の比喩として用いられている。

注　イースター蜂起　イギリスの植民地だったアイルランドの独立を目指して、一九一六年の復活祭（イースター）期間中に起こった武装蜂起。

問い　右の文章を要約しなさい（二〇〇字以内）。

読解ストラクチャー

1 いまいちど確認しておきたいのは、アイルランドはなにか特別なことをしたために言語交替が起こったの**ではない**ということだ。その根底にあるのは、「順位づけ」というありふれた社会的行為である。結果的に言語交替を引き起こすことになった、アイルランドの母親の「わが子にはアイルランド語よりも英語を」という選択は、自分の方言よりも標準語のほうにわが子の将来をみる母親、「子どもには英語をしゃべらせたい」と願う日本の親と、**なんら変わるところがない**。**そして**このことは、言語**も**ほかのさまざまな事物**と同様に**社会的な価値判断の対象になる**以上**、しごく自然なことである。アイルランドのばあいにはそこに植民地支配の過酷な背景があり、支配するものとされるものの力関係があり、貧困があった。そこにきて、大飢饉（だいききん）によるアイルランド語話者の急速な減少も追い打ちをかけた。その頃にはしだいに親はわが子にアイルランド語を話さなくなり、**あるいは**わが子を積極的に英語の環境に置くようにしてバイリンガルに育て、子どものほうでも新しい言語である英語におのずと生きる手段を得ていたのであろう。

第一段落は「アイルランドの言語交替」について、それが起こった背景を説明しています。「原因」は「特別なこと」ではなく、「順位づけ」というありふれた社会行為だったのです。この因果関係を図式にまとめると次のようになります。

植民地支配の過酷な背景

・支配するもの（イギリス）とされるもの（アイルランド）の力関係
・支配されるもの（アイルランド）の貧困

←

「順位づけ」というありふれた社会的行為

・アイルランドの母親の「わが子にはアイルランド語よりも英語を」という選択
・子どものほうでも新しい言語である英語におのずと生きる手段を得ていた

←

言語交替

アイルランドの人々はアイルランド語よりも英語のほうを話すようになる

アイルランドの「言語交替」にはこのような背景がありました。

②　日本で近年盛んになっている、早期の英語教育導入の議論、国民が英語を話せるようにするための英語教育の議論は、空気のようにある日本語を前提としている。言い換えれば、その議論は、英語が日本に浸透して多くの国民が英語を日常的に話すバイリンガルになったあとのことまでは考えていない。[根拠A]（現代は多様な言語文化をもつ人たちがそれぞれに、たとえば英語やスペイン語や中

国語といった大言語をある文脈では利用しつつ、なおかつ自分たちの言語をもっているということが可能であり、インターネットを通して世界中いつでもどこでもつながる時代である。）だからアイルランドに起こったような言語交替などは起こりにくい状況にある。根拠A（コミュニティにおける同質性がかつてのようになく、民族言語的に多様であるために）、あるひとつの方向に動くということが起こりにくい。そうでなくても根拠B（いまのところ、日本は人口が多く、世界経済的にも影響力のある国であるから）、そう簡単に国の言語が取り替えられるなどということは考えにくい。私自身もどこかで「日本語はだいじょうぶ」と、理由なき安心がある。

第二段落では話題が日本の「早期の英語教育導入の議論」に移ります。そこでは「空気のようにある日本語」を前提に「国民が英語を話せるようにするための英語教育が必要」という議論が起こっています。では、その議論がどうして起こっているのかをまとめてみましょう。

根拠A

・多様な言語文化をもつ人たちがそれぞれに、大言語（英語など）をある文脈では利用しつつ、なおかつ自分たちの言語（日本語など）をもっているということ（バイリンガル化）が可能

＋

・インターネットを通して世界中いつでもどこでもつながる

（コミュニティにおける同質性がかつてのようにない）

そうでなくとも

根拠B　日本は人口が多く、世界経済的にも影響力のある国である
←そう簡単に国の言語が取り替えられるなどということは考えにくい

アイルランドで起こったような「言語交替」が日本で起こるとは考えにくいと漠然と考える「根拠」が説明されています。ここでは「根拠A」と「根拠B」という2つの根拠が挙げられており、どちらか片方がないとしても、結論は変わらないだろうと安心しています。

しかし、本当に日本ではアイルランドで起こったような事態は起きないのでしょうか？　次の段落へと読み進めていきましょう。

3　けれども、これからの日本のことばのことを議論するときに、私たちが知っておかなければならないのは、国民の多くが英語とのバイリンガルになったときには英語に傾くスピードが断然速くなるということである。（譲歩 もちろん、幸運にめぐまれて、安定的な二言語併用状態があるていど続くこともないとはいえないが）、そのためには日本に複数言語使用の環境があり、英語と日本語がすくなくとも日本社会において、同じくらいの「力」をもっていることが条件となろう。もしも日本国民の大多数がひとまずなんらかの形で日本語と英語のバイリンガルであるという状況が生まれたときに、そこに加えて、英語が「フランスパン」で日本語が「長ネギ」ということが日本社会における総意になっているというようなことになれば、日本語はもはや安泰ではなくなる方向に

おおきく舵（かじ）をきっているかもしれない。

第三段落は「けれども」以下で「日本語が安泰でなくなる」ということについて述べられています。「日本語」が併用されるための条件と、日本語が安泰ではなくなる条件が説明されています。それぞれの条件を整理しておきましょう。

「日本語」が併用されるための条件
- 日本に複数言語使用の環境がある
- 英語と日本語がすくなくとも日本社会において、同じくらいの「力」をもっていること

↔

日本語はもはや安泰ではなくなる条件
- 日本国民の大多数がひとまずなんらかの形で日本語と英語のバイリンガルであるという状況が生まれる
- 英語が「フランスパン」で日本語が「長ネギ」ということが日本社会における総意になっている

日本語と英語が「同じくらいの力」なのか、それとも英語が「かっこいいもの」で、日本語は「かっこよくないもの」になってしまうのかが、「言語交替」が起こるかどうかのポイントになってくるというのが筆者の考えです。

4 言語はコミュニティを単位としては三世代あれば替わることが可能である。そこにきてもし、最初には上からの「政策」としてなんとか苦労してであっても、日本全体に英語を浸透させ、英語が話せる国民を増やすということをしたとしよう。[譲歩]（これはとてもたいへんなことだから一筋縄ではいかないが）、一定の条件が整っていけばまるっきり不可能というわけでもない。その「作業」にしばらく（数百年、もしかしたら百年よりも短いかもしれないくらいの）時間がかかるとしても、日本語と英語のバイリンガル化が完了したつぎの世代には、世界の状況ないし日本を取り巻く環境によっては、英語の使用が増え、そのつぎの世代には英語のほうが日本語よりも楽、ということは可能性として起こりうるのだ。[具体例・根拠]（新しい言語がいちど多くの人の母語として定着してしまえば、気持ちがどうであれ言語能力と使用に引っ張られることは、アイルランドの多くの人々が民族語であるアイルランド語を話したいとつよく願っていても日常的には英語を用いて生活しているのをみれば明らかである。）

「政策」として日本全体に英語を浸透させ、英語が話せる国民を増やしたとして、日本語と英語のバイリンガル化が完了したつぎの世代には、「英語のほうが日本語よりも楽」という可能性があると指摘します。その根拠となる事例が「アイルランド」なのです。

5 [エピソード]（ある日、車内広告に、某子ども英語塾のこんなキャッチコピーを見つけた。「お父さんお母さん。

英語を日本語と同じくらい使えたらワクワクするよね。だっていろんな夢が選べると思うから！」（原文は「英語」を色を変えて表示）という女の子の吹き出し。そしてそのあとには、「お子さまの将来の可能性を広げませんか？」との問いかけが続く。）英語にみる子どもの将来はアイルランドに重なる。（具体例）たとえば百五十年前にアイルランドの南西部の地域では、アイルランド語よりも英語に子どもの将来を託した。アイルランドは今年（二〇一六年）三月イースター蜂起からちょうど百年を迎えたが、そのころの政治家たちの多くは古い貧しいアイルランドから脱却して、英語に豊かさを見て躍進しようとしていたのである。）

第五段落では「エピソード」が挙げられます。「英語で子どもの将来の可能性を切り開く」というのは「アイルランド」の具体的な事例と重なると指摘します。このことから、日本の未来が現在のアイルランドと重なると指摘するのは無理もありません。

⑥ そしてもうひとつ、この広告の女の子の「英語を日本語と同じくらい使えたら」という願望。早期の英語教育にある自然でイノセントな、バイリンガル化構想にも通ずる。そして、この女の子の願望は、いまの日本を生きるそう少なくない人々に共通のものとしてあるのだ。そして他方で、アイルランドは民族語を話せるバイリンガルを増やす計画のもとにあり、アイルランドの人々はアンケートに「アイルランド語が話せたら」「せめてアイルランド語とのバイリンガルでありたい」と民族語への思いを綴る。なんだか、私たちがこれからひょっとすると登り始めることになるかもしれない山の反対側のふもとに、いまのアイルランドの人々の状況を見なくもない。言語交替を経

験した国に生きる人々の言葉に、いま耳を傾けてみたい。

第六段落では「英語と自国語のバイリンガル」という山の反対側に日本とアイルランドを見ています。日本では「日本語と同じくらい英語が使えたら」という願望がありますが、アイルランドでは反対に「アイルランド語が話せたら」という願望があります。今現在日本では英語を話せる人が少ないので、「日本語と同じくらい英語が使えたら」という願望があることは分かります。すると、アイルランドでは「アイルランド語が話せたら」という願望があるということは、アイルランド語を話せる人が少ないということが考えられます。私たち日本人の目指す「バイリンガル」の先にある予測として、「日本語が話せなくなる」心配があるのではないかと筆者は指摘しているのです。

日本
「英語を日本語と同じくらい使えたら」という願望
↓現在、英語が話せないということ

↔

アイルランド
「アイルランド語が話せたら」
「せめてアイルランド語とのバイリンガルでありたい」
↓現在、アイルランド語が話せないということ

↑ 日本の将来を類推する

日本も「バイリンガル化」が済んだら、日本語が話せなくなるかもしれない

それでは全体像をまとめてみましょう。

全体像

第一段落 「アイルランドでの言語交替」

背景

・支配するもの（イギリス）とされるもの（アイルランド）の力関係

・支配されるもの（アイルランド）の貧困

↑

・アイルランドの母親の「わが子にはアイルランド語よりも英語を」という選択

・子どものほうでも新しい言語である英語におのずと生きる手段を得ていた

↑

結果

アイルランドの人々はアイルランド語よりも英語のほうを話すようになる

↔ 対立関係（差異）

第二段落　「日本では言語交替は起きないのではないかという安易な予測」

根拠A

・多様な言語文化をもつ人たちがそれぞれに、大言語（英語など）をある文脈では利用しつつ、なおかつ自分たちの言語（日本語など）をもっているということ（バイリンガル化）が可能

＋

・インターネットを通して世界中いつでもどこでもつながる
（コミュニティにおける同質性がかつてのようにない）

そうでなくとも

根拠B

日本は人口が多く、世界経済的にも影響力のある国である

←

予測

そう簡単に国の言語が取り替えられるなどということは考えにくい

第三段落　「言語交替が生じうる条件」

「日本語」が併用されるための条件

・日本に複数言語使用の環境がある

・英語と日本語がすくなくとも日本社会において、同じくらいの「力」をもっていること

↔

日本語はもはや安泰ではなくなる条件

・日本国民の大多数がひとまずなんらかの形で日本語と英語のバイリンガルであるという状況が生まれる

・英語が「フランスパン」で日本語が「長ネギ」ということが日本社会における総意になっている

第四段落　「日本の言語交替の可能性」

筆者の主張

日本語と英語のバイリンガル化が完了したつぎの世代には、「英語のほうが日本語よりも楽」になる可能性がある

↑

根拠

アイルランドの事例

第五段落　「アイルランドとの類似関係」

英語にみる子どもの将来はアイルランドに重なる

日本「お子さまの将来の可能性を広げませんか？」

≒　類似

アイルランド「百五十年前にアイルランドの南西部の地域では、アイルランド語よりも英語に子どもの将来を託した」

第六段落　「将来、日本人が日本語を使えなくなる可能性」

日本

「英語を日本語と同じくらい使えたら」という願望

↓現在、英語が話せないということ

⟷

アイルランド

「アイルランド語が話せたら」

「せめてアイルランド語とのバイリンガルでありたい」

↓現在、アイルランド語が話せないということ

←

日本の将来を類推する

日本も「バイリンガル化」が済んだら、日本語が話せなくなるかもしれない

解法ストラクチャー

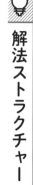

問い　右の文章を要約しなさい(二〇〇字以内)。

要約問題では「全体像」を把握したのちに、要素を省いて最も重要なストラクチャーを分かりやすく示すことが重要になってきます。

STEP① 「全体像」を捉える。

全体像を参照してください。このときに「差異」「類似」「根拠」「具体例」「エピソード」などのストラクチャーが分かるようにメモしておいてください。

そして、そのメモから文章を作成します。

「全体像の文章化」

アイルランドでは、支配するものとされるものの力関係と支配されるものの貧困により、アイルランドの母親は「わが子にはアイルランド語よりも英語を」という選択をしていた。子どものほうでも新しい言語である英語におのずと生きる手段を得ていた。その結果、アイルランドの人々はアイルランド語よりも英語のほうを話すようになる。一方で、日本では、多様な言語文化をもつ人たちがそれぞれに、大言語をある文脈では利用しつつ、なおかつ自分たちの言語をもっているということが可能であり、なおかつ、インターネットを通して世界中いつでもどこでもつながる。そうでなくとも、日本は人口が多く、世界経済的にも影響力のある国である。したがって、そう簡単に国の言語が取り替えられるなどということは考えにくいという安易な予測もある。「日本語」が併用されるための条件として、日本に複数言語使用の環境があること、英語と日本語が少なくとも日本社会において、同じくらいの「力」をもっていることが挙げられる。反対に、日本国民の大多数がひとまずなんらかの形で日本語と英語のバイリンガルであるという状況が生まれ、英語が「かっこいい」、日本語が「かっこよくない」ということが日本社会における総意になっていると、言語交替が起きる可能性がある。アイルランドの事例からも、日本語と英語のバイリンガル化が完了したつぎの世代には、「英語のほうが日本語よりも楽」になる可能性がある。現在の日本で見る「お子さまの将来の可能性を広げませんか？」という広告は、百五十年前にアイルランドの南西部の地域で、アイルランド語よりも英語に子どもの将来を託した状況と酷似している。日本では「英語を日本語と同じくらい使えたら」という願望が語られるが、すでに「言語交替」が起こったアイルランドでは「アイルランド語が話せたら」「せめてアイルランド語とのバイリンガルでありたい」という願望が語られている。日本でも「バイリンガル化」から「言語交替」が起こる可能性が類推される。

STEP② 「要素」をカットする。

次は「全体像の文章」からカットする要素を決めていきましょう。どれをカットするかは次の優先順位に従ってください。

要約の優先順位

① 筆者の主張
② 筆者の主張の「根拠」
③ 対立意見
④ 対立意見の「根拠」
⑤ 筆者の主張の「具体例」「比喩」「引用」「エピソード」
⑥ 対立意見の「具体例」「比喩」「引用」「エピソード」

この優先順位にしたがって、文章を削っていくと要約文ができあがります。では、全体像を文章化したものから、一つずつ削っていきましょう。

アイルランドでは、支配するものとされるものの力関係と支配されるものの貧困により、アイルランドの母親は「わが子にはアイルランド語よりも英語を」という選択をしていた。子どものほうでも新しい言語である英語におのずと生きる手段を得ていた。その結果、アイルランドの人々はアイルランド語よりも英語のほうを話すようになる。

この部分は「アイルランドの言語交替」に関する記述です。筆者の主張は「日本の言語交替の可能性」なのですが、その「根拠」として「かつてのアイルランドの状況」と「現在の日本の状況」の類似性が挙げられています。とはいえ、このアイルランドの背景は現在の日本との類似性を指摘した部分ではなく、差異を指摘している部分なので、「日本では言語交替は起こらない」という「反対意見」の「根拠」となります。優先順位は④です。

一方で、日本では、多様な言語文化をもつ人たちがそれぞれに、大言語をある文脈では利用しつつ、なおかつ自分たちの言語をもっているということが可能であり、なおかつ、インターネットを通して世界中いつでもどこでもつながる。そうでなくとも、日本は人口が多く、世界経済的にも影響力のある国である。したがって、そう簡単に国の言語が取り替えられるなどということは考えにくいという安易な予測もある。

この部分は「日本では言語交替は考えにくい」という「反対意見」と「その根拠」です。それぞれ優先順位は③と④になります。

「日本語」が併用されるための条件として、日本に複数言語使用の環境があること、英語と日本語が少なくとも日本社会において、同じくらいの「力」をもっていることが挙げられる。反対に、日本国民の大多数がひとまずなんらかの形で日本語と英語のバイリンガルであるという状況が生まれ、英語が「かっこいい」、日本語が「かっこよくない」ということが日本社会における総意になっていると、言語交替が起きる可能性がある。

この部分は「日本語が併用される条件」と「言語交替が起きる条件」になります。確かに、現在の日本の状況では「言語交替」は起きないだろうと考えられます。しかし、今後「バイリンガル化」が進めば、「言語交替」は起きる可能性があります。この部分は筆者の主張の根拠となるところなので、優先順位は②になります。

アイルランドの事例からも、日本語と英語のバイリンガル化が完了したつぎの世代には、「英語のほうが日本語よりも楽」になる可能性がある。現在の日本で見る「お子さまの将来の可能性を広げませんか？」という広告は、百五十年前にアイルランドの南西部の地域で、アイルランド語よりも英語に子どもの将来を託した状況と酷似している。

この部分は筆者の主張を裏付ける「具体例」と「エピソード」になっています。優先順位は⑤です。

> 日本では「英語を日本語と同じくらい使えたら」という願望が語られるが、すでに「言語交替」が起こったアイルランドでは「アイルランド語が話せたら」「せめてアイルランド語とのバイリンガルでありたい」という願望が語られている。日本でも「バイリンガル化」から「言語交替」が起こる可能性が類推される。

この部分は筆者の主張を裏付ける「具体例」と「エピソード」になっています。優先順位は⑤です。それでは優先順位の低い文を切って、優先順位の高い文を圧縮して、要約文をまとめましょう。

STEP③ 記述解答を書く。

解答例

アイルランドではアイルランド語と英語のバイリンガル化から、メイン言語が英語になってしまうという言語交替が起こった。今後、日本でも日本国民の大多数が日本語と英語のバイリンガルになり、英語のほうが日本語よりも良いと思われると、言語交替が起きる可能性がある。現在の日本の状況と百五十年前のアイルランドの状況が酷似していることを考えても、アイルランドが日本の行末を先取りしていると見ることもできるのである。

第7講

「全体把握問題」のストラクチャー

第7講 「全体把握問題」のストラクチャー

講義

いよいよ最終回ですね。今回は全体把握問題について学んでいきましょう。

1 全体把握問題とは何か

全体把握問題は基本的には「どういうことか」「なぜか」の問題です。ただし、設問に「本文全体の趣旨を踏まえて」という条件がついています。この条件がついたら、「全体把握問題」だと考えてください。この場合は文章全体に解答の根拠を求めましょう。

記述思考エレメント

「本文全体の趣旨を踏まえて」という条件があったら、解答の根拠は文章全体に求める。

裏を返すと、**「本文全体の趣旨を踏まえて」という条件がない場合には、傍線部がある意味段落の中に解答の根拠がある場合がほとんどです。**この点もよく覚えておきましょう。

2 全体把握問題の解法手順

それでは具体的にどのようにすれば良いのかを説明します。実は手順も「どういうことか」「なぜか」の問題を解くときと同じです。

記述思考エレメント

全体把握問題も「どういうことか」「なぜか」と同じ手順で解く。

ただし、傍線部のポイントの説明が、この問題にたどり着く前に解いてきた問題の根拠と重複することがあるという点は注意しておきましょう。

それぞれの設問はそれぞれの意味段落と対応しています。ですから、小問は意味段落の趣旨を問うものになっている可能性が高いのです。そして、全体把握問題は意味段落の趣旨を統合した全体の趣旨を問うものになっている可能性が高いです。ですから、今まで捉えてきたポイントと全体把握問題の解答の根拠が一致する可能性が高いのです。

このことから、根拠を探すときは次の優先順位に従って探すと良いでしょう。

解答の根拠を探すときの優先順位

①傍線部付近のポイント
②文章全体の今までの問題で解答したポイント
③文章全体の今まで解答に使っていなかったポイント

このように目を動かしていくと、素早く全体把握問題の解答の根拠を捉えることができます。

実践問題14　次の文章を読んで、後の設問に答えよ。

出題　東京大学

いまさらいうまでもなく、仮面はどこにでもあるというものではない。日本の祭に常に仮面が登場するわけではない。世界に視野を広げても、仮面を有する社会は、一部の地域にしか分布しない。オセアニアでは、メラネシアでしか、仮面はつくられていない。アフリカなら赤道をはさんで南北に広がる熱帯雨林やウッドランド、サヴァンナ地帯だけで仮面がつくられている。南北アメリカやユーラシアでは広い範囲で仮面の制作と使用が確認できるが、それでもすべての社会に仮面が存在するというわけではない。いまひとつ、仮面が農耕や狩猟・漁撈（ぎょろう）・採集を主たる生業とする社会にはみられても、牧畜社会にはみられないという点も忘れてはならない。いずれにせよ、仮面は、人類文化に普遍的にみられるものではけっしてない。

ただ、世界の仮面の文化を広くみわたして注目されるのは、仮面の造形や仮面の制作と使用を支える組織のありかたに大きな多様性がみられる一方で、随所に、地域や民族の違いを越えて、驚くほどよく似た慣習や信念がみとめられるという事実である。相互に民族移動や文化の交流がおこったとは考えられない、遠く隔たった場所で酷似した現象がみとめられるというのは、やはり一定の条件のもとでの人類に普遍的な思考や行動のありかたのあらわれだと考えてよい。ア<u>その意味で、仮面の探求は、人間のなかにある普遍的なもの、根源的なものの探求につながる可能性をもっている</u>。

地域と時代を問わず、仮面に共通した特性としてあげられるのは、それがいずれも、「異界」の存在を表現したものだという点である。ヨーロッパでいえば、ギリシアのディオニソスの祭典に用いられた仮面から、現代のカーニヴァルに登場する異形の仮面や魔女の仮面まで、日本でいえば、能・狂言や民俗行事のなかで用いられる神がみや死者の仮面から、現代の月光仮面（「月からの使者」といわれる）やウルトラマン（M

78星雲からやって来た人類の味方）に至るまで、仮面はつねに、時間の変わり目や危機的な状況において、異界から一時的に来たり、人びとと交わって去っていく存在を可視化するために用いられてきた。それは、アフリカやメラネシアの葬儀や成人儀礼に登場する死者や精霊の仮面についてもあてはまる。そこにあるのは、異界を、山や森に設定するか、月に設定するか、あるいは宇宙の果てに設定するかの違いだけである。たしかに、知識の増大とともに、人間の知識の及ばぬ世界＝異界は、村をとりまく山や森から、月へ、そして宇宙へと、どんどん遠くへ退いていく。しかし、世界を改変するものとしての異界の力に対する人びとの憧憬（しょうけい）、異界からの来訪者への期待が変わることはなかったのである。

ただ、忘れてならないのは、人びとはその仮面のかぶり手を、あるときは歓待し、あるときは慰撫（いぶ）し、またあるときは痛めつけてきたということである。仮面は異界からの来訪者を可視化するものだとはいっても、それはけっして視（み）られるためだけのものではない。それは、あくまでもいったん可視化した対象に人間が積極的にはたらきかけるための装置であった。仮面は、大きな変化や危機に際して、人間がそうした異界の力を一時的に目にみえるかたちにし、それにはたらきかけることで、その力そのものをコントロールしようとして創（つく）りだしてきたもののように思われる。そして、テレビの画面のなかで繰り広げられる現代の仮面のヒーローたちの活躍もまた、それと同じ欲求に根ざしているのである。

ここでは、仮面が神や霊など、異界の力を可視化し、コントロールする装置であることを強調してきた。しかし、そのような装置は少なくとももうひとつある。神霊の憑依（ひょうい）、つまり憑霊である。しかも、仮面は、これまで、憑依の道具として語られることが多かった。いちいち引用の出典を記すまでもない。仮面をかぶった踊り手には、霊が依り憑き、踊り手はその霊になりきるのだ。あるいは、仮面をかぶった踊り手はもはや仮面をかぶる前の彼ではない、それは神そのものだといった議論は、世界各地の仮面についての民族誌のなかに数多く見いだされる。

たしかに、神や精霊に扮（ふん）した者は、少なくとも何がしか神や精霊の属性を帯びることになるという信念が維持されていなければ、彼らとかかわることで福や幸運が享受できるかもしれないという、かすかな期待を人びとが抱くことすら不可能になる。その意味で、儀礼における仮面と憑依との結びつきは、動かしえない事実のようである。

しかし、その一方で神事を脱し芸能化した仮面や子どもたちが好んでかぶる仮面に、憑依という宗教的な体験を想定することはできない。仮面のありかたの歴史的変化が語っているのは、イ仮面は憑依を前提としなくなっても存続しうるという事実である。そしてその点で、仮面は決定的に霊媒と異なる。霊媒は憑依という信念が失われた瞬間、存立しえなくなるからである。

仮面と憑依の相同性を強調した従来の議論に反して、民族誌的事実と歴史的事実は、このように、ともに仮面と憑依との違いを主張している。仮面は憑依と重なりあいつつも、それとは異なる固有の場をもっているのである。では、その固有性とは何か。それを考えるには、顔をもうひとつの顔で覆うという、仮面の定義に戻る以外にないであろう。そして、その定義において、仮面が人間の顔ないし身体をその存立の与件としている以上、仮面の固有性の考察も、私たちの身体とのかかわりにおいて進められなければならない。以下では、仮面を私たちの身体的経験に照らして考察することにする。

仮面と身体とのかかわり。それはいうまでもなく、仮面が顔、素顔の上につけられるものだという単純な事実に求められる。もちろん、世界を広くみわたしたとき、顔の前につける仮面は、必ずしも一般的だとはいえない。むしろ、顔と体の全体を覆ってしまうかぶりもののほうが多数を占めるかもしれない。しかし、その場合でも、顔が隠されることが要件であることは間違いない。

変身にとって、顔を隠すこと、顔を変えることが核心的な意味をもつ理由をはじめて明確に示したのは、和辻哲郎(わつじてつろう)であった。私たちは、たとえ未知の他人(ひと)であっても、その他人の顔を思い浮かべることなしに、その他人とかかわることはできない。また、肖像画や肖像彫刻にみるように、顔だけで人を表象することはできても、顔を除いて特定の人物を表象することはできない。このような経験をもとに、和辻は「人の存在にとっての顔の核心的意義」を指摘し、顔はたんに肉体の一部としてあるのでなく、「肉体を己れに従える主体的なるものの座、すなわち人格の座」を占めていると述べたのであった。

この和辻の指摘の通り、確かに私たちの他者の認識の方法は顔に集中している。逆にいえば、他者もまた私の顔から私についてのもっとも多くの情報を得ているということになる。しかし、他者が私を私として認知する要(かなめ)となるその顔を、私自身は見ることができない。自分の身体でも他の部分なら鏡を使わずになんとか見えるのに、顔だけは絶対に見ることができないのである。和辻の言葉を借りていえば、顔は私の人格の座であるはずなのに、その顔は私にとってもっとも不可知な部分として、終生、私につきまとうことになる。

顔は、しかも身体のなかでも、時々刻々ともっとも大きな変化を遂げている部分であろう。喜ぶとき、悲しむとき、笑うとき、苦しむとき、顔はひとときとして同じ状態でそこにあることはない。

もっとも他者から注目され、もっとも豊かな変化を示すにもかかわらず、けして自分ではみることのできない顔。仮面は、まさにそのような顔につけられる。そして、ウ他者と私とのあいだの新たな境界となる。

ここで仮面が、木製のものと繊維製のものとを問わず、それぞれにほぼ定まった形をもったものだという点を忘れてはならない。そのうえ、私たちは、その仮面、自分と他者との新たな境界を、自分の目で見て確かめることができる。仮面は、変転きわまりない私の顔に、固定し対象化したかたどりを与えるのである。

したがって、「仮面をかぶると、それまでの自分とは違った自分になったような気がする」という、人びとが漏らす感想も、固定された素顔から別のかたちに固定された顔への変化にともなう感想なのではない。それはむしろ、常に揺れ動き定まることのなかった自身の可視的なありかたが、はじめて固定されたことにともなう衝撃の表明としてうけとられるべきである。また、精霊の仮面をかぶった男が精霊に憑依されたと確信するのも、そしてウルトラマンの仮面をかぶった少年がウルトラマンに「なりきれる」のも、仮面によってかぶり手の世界に対する関係がそのかたちに固定されてしまうからにほかならない。

仮面は、私たちにとって自分の目ではけっして捉えられない二つの存在、すなわちエ「異界」と自分自身とを、つかの間にせよ、可視的なかたちでつかみ取るための装置なのである。

（吉田憲司（よしだけんじ）『仮面と身体』による）

〔注〕○ディオニソス――ギリシア神話の酒の神。

○和辻哲郎――日本の倫理学者（一八八九〜一九六〇）。

㈠　「その意味で、仮面の探求は、人間のなかにある普遍的なもの、根源的なものの探求につながる可能性をもっている」(傍線部ア)とはどういうことか、説明せよ。

㈡　「仮面は憑依を前提としなくなっても存続しうる」(傍線部イ)とはどういうことか、説明せよ。

㈢　「他者と私とのあいだの新たな境界となる」(傍線部ウ)とはどういうことか、説明せよ。

㈣　「『異界』と自分自身とを、つかの間にせよ、可視的なかたちでつかみ取るための装置」(傍線部エ)とはどのようなことを言っているのか、本文全体の趣旨を踏まえて一〇〇字以上一二〇字以内で説明せよ(句読点も一字と数える)。

㈠

㈡

㈢

㈣

読解ストラクチャー

第一意味段落（1〜2）

1 いまさらいうまでもなく、仮面はどこにでもあるというものではない。（日本の祭に常に仮面が登場するわけではない。世界に視野を広げても、仮面を有する社会は、一部の地域にしか分布しない。オセアニアでは、メラネシアでしか、仮面はつくられていない。アフリカなら赤道をはさんで南北に広がる熱帯雨林やウッドランド、サヴァンナ地帯だけで仮面がつくられている。南北アメリカやユーラシアでは広い範囲で仮面の制作と使用が確認できるが、それでもすべての社会に仮面が存在するというわけではない。いまひとつ、仮面が農耕や狩猟・漁撈（ぎょろう）・採集を主たる生業とする社会にはみられても、牧畜社会にはみられないという点も忘れてはならない。）いずれにせよ、仮面は、人類文化に普遍的にみられるものではけっしてない。

第一段落は「仮面はどこにでもあるというものではない」ということをさまざまな具体例を挙げながら説明しています。具体例を読み進めたら、最終文で「いずれにせよ」とまとめている部分に注目しましょう。「仮面は、人類文化に普遍的にみられるものではけっしてない」とあるので、やはり「仮面はどこにでもあるというものではない」ということを繰り返しているのだと分かります。

では、筆者はこのことを言いたくて、この文章を書いたのでしょうか？

2 ただ、世界の仮面の文化を広くみわたして注目されるのは、仮面の造形や仮面の制作と使用を支える組織のありかたに大きな多様性がみられる一方で、随所に、地域や民族の違いを越えて、驚くほどよく似た慣習や信念がみとめられるという事実である。（根拠 相互に民族移動や文化の交流がおこったとは考えられない、遠く隔たった場所で酷似した現象がみとめられるというのは、やはり一定の条件のもとでの人類に普遍的な思考や行動のありかたのあらわれだと考えてよい。）ア その意味で、仮面の探求は、人間のなかにある普遍的なもの、根源的なものの探求につながる可能性をもっている。

第二段落は「ただ」と逆接が使われています。その後「随所に、地域や民族の違いを越えて、驚くほどよく似た慣習や信念がみとめられる」とあり、仮面は人類文化に普遍的にみとめられるものではないのだけれど、仮面には一定の条件のもとでの人類に普遍的な思考や行動のありかたがあらわれていると筆者が考えていることが分かります。

それでは第一意味段落の内容をまとめておきましょう。

第一意味段落

譲歩

仮面はどこにでもあるというものではない

↔ 対立関係

根拠 仮面に関して、相互に民族移動や文化の交流がおこったとは考えられない、遠く隔たった場所で酷似した現象がみとめられる

← 主張 仮面は、やはり一定の条件のもとでの人類に普遍的な思考や行動のありかたのあらわれ

第二意味段落（3～7）

3 地域と時代を問わず、仮面に共通した特性としてあげられるのは、それがいずれも、「異界」の存在を表現したものだという点である。（具体例 ヨーロッパでいえば、ギリシアのディオニソスの祭典に用いられた仮面から、現代のカーニヴァルに登場する異形の仮面や魔女の仮面まで、日本でいえば、能・狂言や民俗行事のなかで用いられる神がみや死者の仮面から、現代の月光仮面（「月からの使者」といわれる）やウルトラマン（M78星雲からやって来た人類の味方）に至るまで、仮面はつねに、時間の変わり目や危機的な状況において、異界から一時的に来たり、人びとと交わって去っていく存在を可視化するために用いられてきた。それは、アフリカやメラネシアの葬儀や成人儀礼に登場する死者や精霊の仮面についても あてはまる。）そこにあるのは、異界を、山や森に設定するか、月に設定するか、あるいは宇宙の果てに設定するかの違いだけである。（譲歩 たしかに、知識の増大と

ともに、人間の知識の及ばぬ世界＝異界は、村をとりまく山や森から、月へ、そして宇宙へと、どんどん遠くへ退いていく。）しかし、世界を改変するものとしての異界の力に対する人びとの憧憬（しょうけい）、異界からの来訪者への期待が変わることはなかったのである。

第三段落では世界の仮面の共通点が挙げられています。共通点は「それがいずれも、『異界』の存在を表現したものだという点」です。仮面は「世界を改変するものとしての異界の力に対する人びとの憧憬（しょうけい）、異界からの来訪者への期待」からできていたのです。

4 ただ、忘れてならないのは、人びとはその仮面のかぶり手を、あるときは歓待し、あるときは慰（い）撫（ぶ）し、またあるときは痛めつけてきたということである。仮面は異界からの来訪者を可視化するものだとはいっても、それはけっして視（み）られるためだけのものではない。それは、あくまでもいったん可視化した対象に人間が積極的にはたらきかけるための装置であった。仮面は、大きな変化や危機に際して、人間がそうした異界の力を一時的に目にみえるかたちにし、それにはたらきかけることで、その力そのものをコントロールしようとして創（つく）りだしてきたもののように思われる。（具体例 そして、テレビの画面のなかで繰り広げられる現代の仮面のヒーローたちの活躍もまた、それと同じ欲求に根ざしているのである。）

第四段落では、人びとは「異界」から来たものを可視化しただけでなく、「異界の力」にはたらきかけることで、その力そのものをコントロールしようとして創（つく）りだしてきたと説明されます。

5 ここでは、仮面が神や霊など、異界の力を可視化し、コントロールする装置であることを強調してきた。しかし、そのような装置は少なくとももうひとつある。神霊の憑依（ひょうい）、つまり憑霊である。しかも、仮面は、これまで、憑依の道具として語られることが多かった。（いちいち引用の出典を記すまでもない。仮面をかぶった踊り手には、霊が依り憑き、踊り手はその霊になりきるのだ。あるいは、仮面をかぶった踊り手はもはや仮面をかぶる前の彼ではない、それは神そのものだといった議論は、世界各地の仮面についての民族誌のなかに数多く見いだされる。）

第五段落では第四段落の内容を「仮面が異界の力を可視化し、コントロールする装置である」とまとめて、もう1つ、同じような装置として「憑依（ひょうい）」について付け加えます。そして、「仮面」は「憑依」の道具として語られることが多かったと説明します。

6 たしかに、神や精霊に扮（ふん）した者は、少なくとも何がしか神や精霊の属性を帯びることになるという信念が維持されていなければ、彼らとかかわることで福や幸運が享受できるかもしれないという、かすかな期待を人びとが抱くことすら不可能になる。その意味で、儀礼における仮面と憑依との結びつきは、動かしえない事実のようである。）

第六段落では「仮面」と「憑依」の結びつきの「根拠」が述べられています。

7 しかし、その一方で神事を脱し芸能化した仮面や子どもたちが好んでかぶる仮面に、憑依という宗教的な体験を想定することはできない。仮面のありかたの歴史的変化が語っているのは、仮面は憑依を前提としなくなっても存続しうるという事実である。そしてその点で、仮面は決定的に霊媒と異なる。（根拠 霊媒は憑依という信念が失われた瞬間、存立しえなくなるからである。）

第七段落は「しかし」と転換して「仮面」と「憑依」が結びついていない場合について説明されます。この点が「仮面」と「霊媒」の決定的な違いです。「霊媒」は必ず「憑依」と結びついています。
それでは第二意味段落の内容をまとめておきましょう。

第二意味段落

「仮面」は「異界」の存在を表現したもの
←
「仮面」は「異界」の力を可視化し、「異界」をコントロールする装置であった
←
「仮面」と「憑依」の相同性
「仮面」も「憑依」も共に「異界」の力を可視化し、人びとが「異界」をコントロールする
←
「仮面」と「憑依」は結びつくことが多かった
↔
「仮面」の「憑依」とは異なる固有性
「仮面」は宗教的な体験を想定することができないものもある
↔
「霊媒（憑依）」は宗教的な体験を想定できない場合は存立しない

第三意味段落（8～15）

8 仮面と憑依の相同性を強調した従来の議論に反して、民族誌的事実と歴史的事実は、このように、

ともに仮面と憑依との違いを主張している。仮面は憑依と重なりあいつつも、それとは異なる固有の場をもっているのである。では、その固有性とは何か。それを考えるには、顔をもうひとつの顔で覆うという、仮面の定義に戻る以外にないであろう。そして、その定義において、仮面が人間の顔ないし身体をその存立の与件としている以上、仮面の固有性の考察も、私たちの身体とのかかわりにおいて進められなければならない。以下では、仮面を私たちの身体的経験に照らして考察することにする。

第八段落では、第二意味段落で見た「仮面」と「憑依」の相同性と、「憑依」とは異なる固有性についてまとめたうえで、「その固有性とは何か」という問題提起をしています。そして、「その固有性」は「私たちの身体とのかかわり」の中にあると考えて以下で考察します。

9 仮面と身体とのかかわり。それはいうまでもなく、仮面が顔、素顔の上につけられるものだという単純な事実に求められる。(譲歩)もちろん、世界を広くみわたしたとき、顔の前につける仮面は、必ずしも一般的だとはいえない。むしろ、顔と体の全体を覆ってしまうかぶりもののほうが多数を占めるかもしれない。)しかし、その場合でも、顔が隠されることが要件であることは間違いない。

第九段落では「仮面と身体とのかかわり」について、「仮面が顔、素顔の上につけられる」「顔が隠されることが要件である」とあります。「仮面」をつけることによって「素顔」が隠されるというところに何か「固有性」を考えるヒントがありそうです。

10 （変身にとって、顔を隠すこと、顔を変えることが核心的な意味をもつ理由をはじめて明確に示したのは、和辻哲郎であった。私たちは、たとえ未知の他人であっても、その他人の顔を思い浮かべることなしに、その他人とかかわることはできない。また、肖像画や肖像彫刻にみるように、顔だけで人を表象することはできても、顔を除いて特定の人物を表象することはできない。このような経験をもとに、和辻は「人の存在にとっての顔の核心的意義」を指摘し、顔はたんに肉体の一部としてあるのでなく、「肉体を己れに従える主体的なるものの座、すなわち人格の座」を占めているのと述べたのであった。）

第十段落は「和辻哲郎」の議論を引用して、「人の存在にとっての顔の核心的意義」ということを説明します。和辻は顔は「肉体を己れに従える主体的なるものの座、すなわち人格の座」を占めていると指摘します。

11 この和辻の指摘の通り、（確かに私たちの他者の認識の方法は顔に集中している。逆にいえば、他者もまた私の顔から私についてのもっとも多くの情報を得ているということになる。）しかし、他者が私を私として認知する要(かなめ)となるその顔を、私自身は見ることができない。自分の身体でも他の部分なら鏡を使わずになんとか見えるのに、顔だけは絶対に見ることができないのである。和辻の言葉を借りていえば、顔は私の人格の座であるはずなのに、その顔は私にとってもっとも不可知な部分として、終生、私につきまとうことになる。

第十一段落では、筆者は第十段落の内容を受けて、「他者が私を私として認知する要(かなめ)となるその顔を、私自身は見ることができない」と指摘します。自分を他者に認識してもらううえで一番重要な部分を見ることができないということは、私たちにとってかなり難しい事態であると考えられます。

⑫ 顔は、しかも身体のなかでも、時々刻々ともっとも大きな変化を遂げている部分であろう。（喜ぶとき、悲しむとき、笑うとき、苦しむとき、顔はひとときとして同じ状態でそこにあることはない。）具体例

第十二段落では「顔は身体のなかでも、時々刻々ともっとも大きな変化を遂げている部分だ」という内容が付け加えられます。

⑬ もっとも他者から注目され、もっとも豊かな変化を示すにもかかわらず、けして自分ではみることのできない顔。仮面は、まさにそのような顔につけられる。そして、他者と私とのあいだの新(ウ)

たな境界となる。

第十三段落では「もっとも他者から注目され⑪」「もっとも豊かな変化を示す⑫」にもかかわらず、「けして自分ではみることのできない⑪」顔に「仮面」がつけられると指摘されます。その意味とは「他者と私とのあいだの新たな境界」を作ることです。「他者と私とのあいだの新たな境界」とは何なのかと考えながら、読み進めていきましょう。

⑭ ここで仮面が、木製のものと繊維製のものとを問わず、それぞれにほぼ定まった形をもったものだという点を忘れてはならない。そのうえ、私たちは、その仮面、自分と他者との新たな境界を、自分の目で見て確かめることができる。仮面は、変転きわまりない私の顔に、固定し対象化したかたどりを与えるのである。したがって、「仮面をかぶると、それまでの自分とは違った自分になったような気がする」という、人びとが漏らす感想も、固定された素顔から別のかたちに固定された顔への変化にともなう感想なのではない。それはむしろ、常に揺れ動き定まることのなかった自身の可視的なありかたが、はじめて固定されたことにともなう衝撃の表明としてうけとられるべきである。（具体例 また、精霊の仮面をかぶった男が精霊に憑依されたと確信するのも、そしてウルトラマンの仮面をかぶった少年がウルトラマンに「なりきれる」のも、仮面によってかぶり手の世界に対する関係がそのかたちに固定されてしまうからにほかならない。）

第十四段落では仮面の固有の役割が説明されます。「顔」は「もっとも豊かな変化を示す」にもかかわらず、「けして自分ではみることのできない」という特徴がありました。「仮面」はそんな「顔」に「固定し対象化したかたどり」を与えて、「自分の目で見て確かめることができる」ようにしたのです。「他者と私とのあいだの新たな境界」とは「顔」とは異なる特性をもった「仮面」のことを言っていたのです。

⑮ 仮面は、私たちにとって自分の目ではけっして捉えられない二つの存在、すなわち「異界」と自分自身とを、つかの間にせよ、可視的なかたちでつかみ取るための装置なのである。

第十五段落で文章全体のまとめに入ります。「仮面」は第二意味段落で見た「異界」と第三意味段落で見た「自分の顔」という2つの不可視のものを可視化するための装置だったのです。

全体像

第一意味段落　「仮面には、人類に普遍的な思考や行動のありかたがあらわれている」

仮面は、一定の条件のもとでの人類に普遍的な、思考や行動のありかたのあらわれである

第二意味段落　「異界の力を可視化し、異界をコントロールする装置であった」

「仮面」は「異界」の存在を表現したもの

←

「仮面」は「異界」の力を可視化し、「異界」をコントロールする装置であった

「仮面」と「憑依」の相同性

「仮面」も「憑依」も共に「異界」の力を可視化し、人びとが「異界」をコントロールする

←

「仮面」と「憑依」は結びつくことが多かった

↔

「仮面」の「憑依」とは異なる固有性

「仮面」は宗教的な体験を想定することができないものもある

↔

「霊媒（憑依）」は宗教的な体験を想定できない場合は存立しない

第三意味段落

「『仮面』は『異界』と『自分の顔』という2つの不可視のものを可視化するための装置である」

「顔」

・もっとも豊かな変化を示す

・けして自分ではみることのできない

←「仮面」を「顔」につける

「仮面」

・顔を固定し対象化したかたどりを与える

・自分の目で見て確かめることができる

「仮面」は「異界」と「自分の顔」という2つの不可視のものを可視化するための装置

解法ストラクチャー

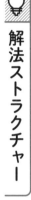

㈠「その意味で、仮面の探求は、人間のなかにある普遍的なもの、根源的なものの探求につながる可能性をもっている」（傍線部ア）とはどういうことか、説明せよ。

今回は傍線部内容説明問題です。第1講で解説した「傍線部内容説明問題の解法ストラクチャー」のSTEP（P12）で考えます。

STEP① 傍線部を含む一文を分析する。［文構造→ポイント］

ア（指示語）その意味で、〈仮面の探求は〉、人間のなかにある普遍的なもの、根源的なもの（個人言語）の探求につながる可能性をもっている。

傍線部の一文の構造を分析すると、主部が「仮面の探求は」となっており、述部が「人間のなかにある普遍的なもの、根源的なものの探求につながる可能性をもっている」となっています。

そして、「その意味で」が指示語となっており、「人間のなかにある普遍的なもの、根源的なもの」が個人言語となっています。前文に解答の根拠を求めましょう。

STEP② 解答の根拠を捉える。［周囲の文を見る］

2 ただ、世界の仮面の文化を広くみわたして注目されるのは、仮面の造形や仮面の制作と使用を支える組織のありかたに大きな多様性がみられる一方で、随所に、地域や民族の違いを越えて、驚くほどよく似た慣習や信念がみとめられるという事実である。相互に民族移動や文化の交流がおこったとは考えられない、遠く隔たった場所で酷似した現象がみとめられるというのは、やはり一定の条件のもとでの人類に普遍的な思考や行動のありかたのあらわれだと考えてよい。その意味で、〈仮面の探求は〉、人間のなかにある普遍的なもの、根源的なものの探求につながる可能性をもっている。

まず第一段落は「仮面は、人類文化に普遍的にみられるものではけっしてない」という結論なので、「人間のなかにある普遍的なもの」を説明するこの問題に関係ないことが分かります。また、「多様性」は「普遍」とは反対なので、こちらも解答には含まれません。

ポイントは「仮面」に関して「遠く隔たった場所でも酷似した慣習や信念」がみとめられるとあるところです。「仮面」にこのような特徴があるからこそ、「一定の条件のもとでの人類に普遍的な思考や行動のありかた」につながる可能性があるのです。

STEP③ 解答のポイントをまとめる。

・「仮面」に関して「相互に民族移動や文化の交流がおこったとは考えられない、遠く隔たった場所でも酷似した慣習や信念」がみとめられる
・「仮面」を探求すると、「一定の条件のもとでの人類に普遍的な思考や行動のありかた」につながる可能性がある

STEP④ 記述解答を書く。

解答例
直接接触のない遠隔地でも酷似した慣習や信念がみとめられる仮面を探求すると、人類に普遍的な思考や行動のありかたが分かる可能性があるということ。

採点ポイント

1 直接接触のない遠隔地でも酷似した慣習や信念がみとめられる仮面を探究する（5点）

2 人類に普遍的な思考や行動のありかたが分かる可能性がある（5点）

「相互に民族移動や文化の交流がおこったとは考えられない」を「直接接触のない」と短くします。

記述思考エレメント

解答欄や字数制限の厳しい問題では、語彙力を使って表現を圧縮する。

㈡　「仮面は憑依を前提としなくなっても存続しうる」（傍線部イ）とはどういうことか、説明せよ。

今回は傍線部内容説明問題です。

STEP① 傍線部を含む一文を分析する。［文構造→ポイント］

〈仮面のありかたの歴史的変化が語っているのは〉、

個人言語　個人言語　イ

仮面は憑依を前提としなくなっても存続しうるという事実である。

傍線部を含む一文の構造を分析すると、主部が「仮面のありかたの歴史的変化が語っているのは」、述部が「仮面は憑依を前提としなくなっても存続しうるという事実である」となっています。

そして、「仮面」と「憑依」が個人言語となっています。「仮面のありかたの歴史的変化」とは何なのかを考えながら、解答の根拠を求めます。

STEP② 解答の根拠を捉える。［周囲の文を見る］

5 ここでは、仮面が神や霊など、異界の力を可視化し、コントロールする装置であることを強調してきた。しかし、そのような装置は少なくとももうひとつある。神霊の憑依、具体例 つまり憑霊である。しかも、仮面は、これまで、憑依の道具として語られることが多かった。（いちいち引用の出典を記すまでもない。仮面をかぶった踊り手には、霊が依り憑き、踊り手はその霊になりきるのだ。あるいは、仮面をかぶった踊り手はもはや仮面をかぶる前の彼ではない、それは神そのものだといった議論は、世界各地の仮面についての民族誌のなかに数多く見いだされる。）

6 譲歩（たしかに、神や精霊に扮した者は、少なくとも何がしか神や精霊の属性を帯びることになるという信念が維持されていなければ、彼らとかかわることで福や幸運が享受できるかもしれないという、かすかな期待を人びとが抱くことすら不可能になる。その意味で、儀礼における仮面と憑依との結びつきは、動かしえない事実のようである。）

7 しかし、その一方で神事を脱し芸能化した仮面や子どもたちが好んでかぶる仮面に、憑依という宗教的な体験を想定することはできない。〈仮面のありかたの歴史的変化が語っているのは〉、イ 仮面は憑依を前提としなくなっても存続しうるという事実である。そしてその点で、仮面は決定的に霊媒と異なる。根拠（霊媒は憑依という信念が失われた瞬間、存立しえなくなるからである。）

「仮面のありかたの歴史的変化」の内容を捉えましょう。「変化」を捉えるときには「否定」に注目して、「変化前」と「変化後」をそれぞれ求めましょう。

記述思考エレメント

「変化」の説明は「否定」に注目して、「変化前」と「変化後」を捉える。

「変化前」の「仮面」は「神や霊など、異界の力を可視化し、コントロールする装置である」「これまで、憑依の道具として語られることが多かった」とあります。「変化後」の「仮面」は「神事を脱し芸能化した仮面や子どもたちが好んでかぶる仮面に、憑依という宗教的な体験を想定することはできない」とあります。「できない」という「否定」に注目することで、「変化」を捉えることができます。ポイントをまとめると「憑依と結びついている→憑依を前提としない」という変化は「宗教→世俗」という「脱宗教化」「世俗化」と捉えると良いでしょう。

STEP③ 解答のポイントをまとめる。

・かつての仮面は憑依と結びついた宗教的儀礼の道具であった
・変化後の仮面は芸能や遊戯の道具となり、憑依を想定することはできない

STEP④ 記述解答を書く。

解答例

かつては憑依と結びついた宗教的儀礼の道具であった仮面は、世俗化した後も芸能や遊戯の道具として存立しているということ。

採点ポイント

1 かつては憑依と結びついた宗教的儀礼の道具であった仮面（5点）
2 世俗化した後も芸能や遊戯の道具として存立している（5点）

記述のポイントとしては「神事を脱し芸能化した仮面や子どもたちが好んでかぶる仮面」という「変化後」の部分をどのように圧縮するかです。「芸能化」といっただけでは「子どもたちが好んでかぶる仮面」が含まれません。ですから、「芸能化」というワードを記述解答に入れると、「遊戯化」も加えなければならず、字数的にかなり難しくなってきます。「宗教」の道具だった仮面から「宗教」色がなくなるというところが変化のポイントですから、「脱宗教化」「世俗化」という言葉が出てくると良いでしょう。

㈢「他者と私とのあいだの新たな境界となる」（傍線部ウ）とはどういうことか、説明せよ。

今回は傍線部内容説明問題です。

STEP① 傍線部を含む一文を分析する。【文構造→ポイント】

そして、他者と私とのあいだの新たな境界となる。
（主語省略）（比喩表現）

傍線部を含む一文の構造を分析すると、主語が省略されていると分かります。省略されている主語は「仮面」です。

そして、「新たな境界」が比喩表現です。「新たな」という修飾語がついているということは「もとの境界」もあるはずです。その対立関係も踏まえて「新たな境界」の説明を求めましょう。

STEP ② 解答の根拠を捉える。［周囲の文を見る］

⑬ もっとも他者から注目され、もっとも豊かな変化を示すにもかかわらず、けして自分ではみることのできない顔。〈仮面は、〉まさにそのような顔につけられる。そして、他者と私とのあいだの新たな境界となる。

⑭ ここで仮面が、木製のものと繊維製のものとを問わず、それぞれにほぼ定まった形をもったものだという点を忘れてはならない。そのうえ、私たちは、その仮面、自分と他者との新たな境界を、自分の目で見て確かめることができる。仮面は、変転きわまりない私の顔に、固定し対象化したかたどりを与えるのである。したがって、「仮面をかぶると、それまでの自分とは違った自分になったような気がする」という、人びとが漏らす感想も、固定された素顔から別のかたちに固定された顔への変化にともなう感想なのではない。それはむしろ、常に揺れ動き定まることのなかった自身の可視的なありかたが、はじめて固定されたことにともなう衝撃の表明としてうけとられるべきである。（具体例 また、精霊の仮面をかぶった男が精霊に憑依されたと確信するのも、そしてウルトラマンの仮面をかぶった少年がウルトラマンに「なりきれる」のも、仮面によってかぶり手の世界に対する関係がそのかたちに固定されてしまうからにほかならない。）

まず「他者と私とのあいだのもとの境界」とは「顔」のことです。「顔」は「もっとも他者から注目され、もっとも豊かな変化を示すにもかかわらず、けして自分ではみることのできない顔」と説明がまとめられていました。

次に「他者と私とのあいだの新たな境界」つまり「仮面」の説明を求めましょう。「顔」の反対のポイントに注目してください。すると、「ほぼ定まった形をもったもの」「自分の目で見て確かめることができる」という部分が「顔」と反対だと分かります。この差異を整理してみましょう。

「顔」＝「もとの境界」
・もっとも豊かな変化を示す
・けして自分ではみることのできない

⇔

「仮面」＝「新たな境界」
・ほぼ定まった形をもったもの（固定化）
・自分の目で見て確かめることができる（対象化、可視化）

最後に「他者と私とのあいだ」の説明を求めましょう。「仮面」によって固定されるのは「形」だけではありません。「仮面によってかぶり手の世界に対する関係がそのかたちに固定されてしまう」とあります。「世界に対する関係」の部分に「他者との関係」も含まれていると考えることができます。すると、「仮面」をかぶることによって、他者に対しても「固定化して自分でも確認できる私」

を示すことができます。これが今までになかった「他者との関係」なので「仮面」を「新たな境界」と喩えていたのです。

STEP③ 解答のポイントをまとめる。

・豊かな変化を示すが自分では不可視であった顔を固定化して可視化する仮面

・自己認識と他者の自己に対する認識にズレがないような関係を作り出す

STEP④ 記述解答を書く。

解答例

豊かな変化を示すが自分では不可視であった顔を固定化して可視化する仮面は、自己認識が他者と一致している関係を作り出すということ。

採点ポイント

1 豊かな変化を示すが自分では不可視であった顔を固定化して可視化する仮面（5点）

2 自己認識が他者と一致している関係を作り出す（5点）

記述のポイントとしては「顔」と「仮面」の差異と、「他者と私の関係」の変化です。

四「『異界』と自分自身とを、つかの間にせよ、可視的なかたちでつかみ取るための装置」（傍線部エ）とはどのようなことを言っているのか、本文全体の趣旨を踏まえて一〇〇字以上一二〇字以内で説明せよ（句読点も一字と数える）。

今回は傍線部内容説明問題ですが、「本文全体の趣旨を踏まえて」という条件があることから、「全体把握問題」と考えます。「全体把握問題」は解答の根拠が意味段落に限定されておらず、本文の全体に分散しているところが特徴です。解答のＳＴＥＰとしては、「傍線部内容説明問題のストラクチャー」で考えていきましょう。

また、今までの部分把握の問題では設問同士で解答の根拠が重複することはまれですが、全体把握問題は今までの問題のポイントが解答の根拠となる場合があります。その点は注意しておきましょう。

記述思考エレメント

全体把握問題では今までの問題のポイントが解答の根拠となる場合がある。

STEP① 傍線部を含む一文を分析する。［文構造→ポイント］

〈仮面は〉、私たちにとって自分の目ではけっして捉えられない二つの存在、（すなわち）「異界」と自分自身とを、つかの間にせよ、可視的なかたちでつかみ取るための装置なのである。

（傍線部エ：「異界」と自分自身とを、つかの間にせよ、可視的なかたちでつかみ取るための装置／「異界」に「個人言語」の注記）

傍線部を含む一文の構造を分析すると、主語は「仮面は」だと分かります。そして、「異界」と「自分自身」という部分が個人言語になっています。今まで捉えてきたポイントを遡りながら解答の根拠を捉えましょう。

STEP② 解答の根拠を捉える。

まず「異界を可視的な形でつかみ取る」という内容ですが、㈡で捉えました。宗教的儀式において仮面をつけることで神霊などの「異界」の力を可視化し、積極的に統御しようと試みたという内容がありました。

次に「自分自身を可視的な形でつかみ取る」という内容は、㈢で捉えました。豊かな変化を示すが自分では不可視であった顔に仮面をつけることで、固定化して対象化することを試みました。

最後に、「異界」や「自分自身」という本来不可視で統御不可能なものを可視化して統御したいという願望は、人間の根源的な願望であり、普遍的にみられるという内容が㈠にありました。これらの内容を総合すると、㈣の解答が作れるようになっています。

STEP③ 解答のポイントをまとめる。

・仮面は、宗教的儀式において、異界の力を可視化して統御する
・仮面は、変化するが不可視な顔を、固定化して可視化する
・不可視のものを可視化して統御したいという願望は人類に普遍的にみられる根源的な願望である

STEP④ 記述解答を書く。

解答例

仮面は、かつては宗教的儀式において不可視の異界の力を可視化して統御したいという、また世俗化した後では、他者との関係の中心であり転変する不可視の自分の顔を固定化し可視化して統御したいという、人類の普遍的な願望を一時的に叶える装置だということ。

採点ポイント

1 かつては宗教的儀式において不可視の異界の力を可視化して統御したい（5点）
2 世俗化したのちも、他者との関係の中心であり転変する不可視の自分の顔を固定化し可視化して統御したい（5点）
3 人類の普遍的な願望を一時的に叶える装置である（5点）

記述のポイントとしては1が㈡、2が㈢、3が㈠で捉えた内容になっていることに注目してください。このように、現代文の問題は「意味段落の要旨の把握」から「文章全体の要旨の把握」へと進んでいきます。ですから、全体把握問題ではそれまでの部分把握問題の要素を統合して全体像を考えることが重要になるのです。

コラム

「構文」＝「センテンス・ストラクチャー」という考え方

現代文の世界で「構文」というと、何やら怪しげな公式というイメージを持つ人もいます。しかし、哲学の世界でも、ビジネスの世界でも、法学の世界でも「構造」や「フレームワーク」を使って物事を考えています。また、受験科目の王様である英語においても「構文」というのは王道の勉強法です。アメリカでも高校生が英語（つまり母語）を学ぶ際に「グラマー（文法）」を学ぶと同時に「センテンス・ストラクチャー（構文）」を学びます。一体、なぜ現代文だけは「構文」を小手先のテクニックのように言うのでしょうか。

「構文」を疑問視する人々は「現代文が得意な自分たちは、『構文』なんて全く考えずに『内容』を捉えようとして読んでいる。だから、『構文』は邪道なテクニックだ」と考えているようです。しかし現代文が得意な人は、実は無意識で「構造」を捉えているのです。「構造」は無意識で捉えて、「内容」を意識して捉えるというのが、読解力のある人の読み方です。しかし、それをそのまま現代文が苦手な人が真似できるかというと、なかなかできるものではありません。現代文が苦手な人はまず意識的に「構造」を捉える訓練をした上で、その作業を無意識化して「内容」に集中するという読み方を目指しましょう。

そもそも、「構文＝センテンス・ストラクチャー」は「構造主義」という思想の発展に役立ちました。やや乱暴にまとめると、レヴィ＝ストロースという思想家は無文字社会の婚姻システムを研究し、そこでのルールを記号式にして構造化しました。すると、無文字社会においても文明社会とほぼ同じような「論理」が成り立っていることに気がついたのです。これを人類に備わった「無意識の構造」と考えたことから「構造主義＝ストラクチャリズム」は発展しました。

現代文を「ストラクチャー」として捉える試みは、「構造主義」から着想を得ました。文章を構造化すれば、一見全く異なるように見える問題も、似たような類題として見ることができるのではないかと考えたのです。そして、現代文の「構造」への探究が始まりました。過去問も何十年分と解いてきました。

その結果、大学入試現代文は実に驚くほど同じような「構造」しか問わないのだということが分かりました。そこから再現性のある解法に辿(たど)り着きました。その「構造」を是非本書で身につけてください。

おわりに

現代文のストラクチャーの講義はこれでおしまいです。記述式現代文に対して空を掴むような思いでいた皆さんも、確かなカタチを感じることができたと思います。

最後に、人生の多くの部分を費やした記述式現代文に対する僕の想いを伝えようと思います。

解答がないからこそ、ここまで考えることができた

この一言に尽きます。もし大学が解答を公表していたら、僕はこの楽しい探究の旅を味わうことができませんでした。現代文の読み方や解き方だけでなく、僕自身のキャリアも作ることができませんでした。もちろん、良いことばかりではありませんでした。優秀な生徒から解答の不備を指摘されることもありました。本文との矛盾があると思えるところを書き直しては、より良い解答を追求していきました。しかし、今となってはその過程のすべてが美しく思えてきます。紆余曲折して苦しい思いをしたからこそ、優秀な生徒から「先生の解答に感動しました」と言ってもらえるようなことも体験できたのです。素晴らしい講師人生をありがとうございました。

そして、今度は皆さんが解答のない探究を始めるときです。

大学で学ぶ学問には解答がありません。さまざまな考え方を身につけて、皆さんにとっての解答を探し出さなくてはいけません。それは人生における問題も同じです。

その時に、受験生時代に学んだ考え方が少しでもお役に立てたら、これに勝る喜びはありません。僕自身、現代文で学んだことを活かして、仕事をして起業もしてきました。

皆さんの合格を心より願っております。ありがとうございました。

2023年10月　柳生好之

柳生　好之（やぎゅう　よしゆき）

早稲田大学第一文学部総合人文学科日本文学専修卒。「スタディサプリ」現代文講師。難関大受験専門塾「現論会」代表。「文法」「論理」という客観的ルールに従った読解法を提唱し、誰でも最短で現代文・小論文ができるようになる授業を行う。座右の銘は「言語で世界を変える」であり、授業や出版によって受験生たちの世界を変える手解きをすることに喜びを覚えている。主な著書に『大学入試 柳生好之の現代文プラチナルール』『大学入試問題集　柳生好之の現代文ポラリス』シリーズ（以上、KADOKAWA）、『ゼロから覚醒 はじめよう現代文』（かんき出版）などがある。

大学入試　柳生好之の　現代文のストラクチャー
記述式問題徹底分析

2023年11月17日　初版発行

著者／柳生 好之

発行者／山下 直久

発行／株式会社KADOKAWA
〒102-8177　東京都千代田区富士見2-13-3
電話　0570-002-301（ナビダイヤル）

印刷所／株式会社加藤文明社印刷所
製本所／株式会社加藤文明社印刷所

ISBN 978-4-04-606126-3　C7081